心一堂術
數古籍珍
本叢刊

書名：未來先知秘術——文王神課
系列：心一堂術數古籍珍本叢刊　占筮類　第二輯　122
作者：【民國】張了凡
主編、責任編輯：陳劍聰
心一堂術數古籍珍本叢刊編校小組：陳劍聰　素聞　鄒偉才　虛白盧主

出版：心一堂有限公司
通訊地址：香港九龍旺角彌敦道六一〇號荷李活商業中心十八樓〇五—〇六室
深港讀者服務中心‧中國深圳市羅湖區立新路六號羅湖商業大廈負一層〇〇八室
電話號碼：(852)67150840
網址：publish.sunyata.cc
電郵：sunyatabook@gmail.com
網店：http://book.sunyata.cc
淘寶店地址：https://shop210782774.taobao.com
微店地址：https://weidian.com/s/1212826297
臉書：https://www.facebook.com/sunyatabook
讀者論壇：http://bbs.sunyata.cc/

版次：二零一九年一月初版
平裝

定價：港幣　七十八元正
　　　新台幣　兩百九十八元正

國際書號：ISBN 978-988-8582-30-3

香港發行：香港聯合書刊物流有限公司
地址：香港新界大埔汀麗路36號中華商務印刷大廈3樓
電話號碼：(852)2150-2100
傳真號碼：(852)2407-3062
電郵：info@suplogistics.com.hk

台灣發行：秀威資訊科技股份有限公司
地址：台灣台北市內湖區瑞光路七十六巷六十五號一樓
電話號碼：+886-2-2796-3638
傳真號碼：+886-2-2796-1377
網絡書店：www.bodbooks.com.tw
台灣國家書店讀者服務中心：
地址：台灣台北市中山區松江路二〇九號一樓
電話號碼：+886-2-2518-0207
傳真號碼：+886-2-2518-0778
網絡書店：http://www.govbooks.com.tw

中國大陸發行　零售：深圳心一堂文化傳播有限公司
深圳地址：深圳市羅湖區立新路六號羅湖商業大廈負一層〇〇八室
電話號碼：(86)0755-82224934

心一堂微店二維碼

心一堂淘寶店二維碼

心一堂術數古籍 珍本 整理 叢刊 總序

術數定義

術數，大概可謂以「推算（推演）、預測人（個人、群體、國家等）、事、物、自然現象、時間、空間方位等規律及氣數，並或通過種種『方術』，從而達致趨吉避凶或某種特定目的」之知識體系和方法。

術數類別

我國術數的內容類別，歷代不盡相同，例如《漢書・藝文志》中載，漢代術數有六類：天文、曆譜、五行、蓍龜、雜占、形法。至清代《四庫全書》，術數類則有：數學、占候、相宅相墓、占卜、命書、相書、陰陽五行、雜技術等，其他如《後漢書・方術部》、《藝文類聚・方術部》、《太平御覽・方術部》等，對於術數的分類，皆有差異。古代多把天文、曆譜、及部分數學均歸入術數類，而民間流行亦視傳統醫學作為術數的一環；此外，有些術數與宗教中的方術亦往往難以分開。現代民間則常將各種術數歸納為五大類別：命、卜、相、醫、山，通稱「五術」。

本叢刊在《四庫全書》的分類基礎上，將術數分為九大類別：占筮、星命、相術、堪輿、選擇、三式、讖諱、理數（陰陽五行）、雜術（其他）。而未收天文、曆譜、算術、宗教方術、醫學。

術數思想與發展——從術到學，乃至合道

我國術數是由上古的占星、卜筮、形法等術發展下來的。其中卜筮之術，是歷經夏商周三代而通過「龜卜、蓍筮」得出卜（筮）辭的一種預測（吉凶成敗）術，之後歸納並結集成書，此即現傳之《易

經》。經過春秋戰國至秦漢之際，受到當時諸子百家的影響、儒家的推崇，遂有《易傳》等的出現，原本是卜筮術書的《易經》，被提升及解讀成有包涵「天地之道（理）」之學。因此，《易・繫辭傳》曰：「易與天地準，故能彌綸天地之道。」

漢代以後，易學中的陰陽學說，與五行、九宮、干支、氣運、災變、律曆、卦氣、讖緯、天人感應說等相結合，形成易學中象數系統。而其他原與《易經》本來沒有關係的術數，如占星、形法、選擇，亦漸漸以易理（象數學說）為依歸。《四庫全書・易類小序》云：「術數之興，多在秦漢以後。要其旨，不出乎陰陽五行，生尅制化。實皆《易》之支派，傅以雜說耳。」至此，術數可謂已由「術」發展成「學」。

及至宋代，術數理論與理學中的河圖洛書、太極圖、邵雍先天之學及皇極經世等學說給合，通過術數以演繹理學中「天地中有一太極，萬物中各有一太極」（《朱子語類》）的思想。術數理論不單已發展至十分成熟，而且也從其學理中衍生一些新的方法或理論，如《梅花易數》、《河洛理數》等。

在傳統上，術數功能往往不止於僅僅作為趨吉避凶的方術，及「能彌綸天地之道」的學問，亦有其「修心養性」的功能，「與道合一」（修道）的內涵。《素問・上古天真論》：「上古之人，其知道者，法於陰陽，和於術數。」數之意義，不單是外在的算數、歷數、氣數，而是與理學中同等的「道」、「理」--心性的功能，北宋理氣家邵雍對此多有發揮：「聖人之心，是亦數也」、「萬化萬事生乎心」、「心為太極」。《觀物外篇》：「先天之學，心法也。……蓋天地萬物之理，盡在其中矣，心一而不分，則能應萬物。」反過來說，宋代的術數理論，受到當時理學、佛道及宋易影響，認為心性本質上是等同天地之太極。天地萬物氣數規律，能通過內觀自心而有所感知，即是內心也已具備有術數的推演及預測、感知能力；相傳是邵雍所創之《梅花易數》，便是在這樣的背景下誕生。

《易・文言傳》已有「積善之家，必有餘慶；積不善之家，必有餘殃」之說，至漢代流行的災變說及讖緯說，我國數千年來都認為天災，異常天象（自然現象），皆與一國或一地的施政者失德有關；下至家族、個人之盛衰，也都與一族一人之德行修養有關。因此，我國術數中除了吉凶盛衰理數之外，人心的德行修養，也是趨吉避凶的一個關鍵因素。

術數與宗教、修道

在這種思想之下，我國術數不單只是附屬於巫術或宗教行為的方術，又往往是一種宗教的修煉手段--通過術數，以知陰陽，乃至合陰陽（道）。「其知道者，法於陰陽，和於術數。」例如，「奇門遁甲」術中，即分為「術奇門」與「法奇門」兩大類。「法奇門」中有大量道教中符籙、手印、存想、內煉的內容，是道教內丹外法的一種重要外法修煉體系。甚至在雷法一系的修煉上，亦大量應用了術數內容。此外，相術、堪輿術中也有修煉望氣（氣的形狀、顏色）的方法；堪輿家除了選擇陰陽宅之吉凶外，也有道教中選擇適合修道環境（法、財、侶、地中的地）的方法，以至通過堪輿術觀察天地山川陰陽之氣，亦成為領悟陰陽金丹大道的一途。

易學體系以外的術數與的少數民族的術數

我國術數中，也有不用或不全用易理作為其理論依據的，如揚雄的《太玄》、司馬光的《潛虛》。也有一些占卜法、雜術不屬於《易經》系統，不過對後世影響較少而已。

外來宗教及少數民族中也有不少雖受漢文化影響（如陰陽、五行、二十八宿等學說。）但仍自成系統的術數，如古代的西夏、突厥、吐魯番等占卜及星占術，藏族中有多種藏傳佛教占卜術、苯教占卜術、擇吉術、推命術、相術等；北方少數民族有薩滿教占卜術；不少少數民族如水族、白族、布朗族、佤族、彝族、苗族等，皆有占雞（卦）草卜、雞蛋卜等術，納西族的占星術、占卜術，彝族畢摩的推命術、占卜術……等等，都是屬於《易經》體系以外的術數。相對上，外國傳入的術數以及其理論，對我國術數影響更大。

曆法、推步術與外來術數的影響

我國的術數與曆法的關係非常緊密。早期的術數中，很多是利用星宿或星宿組合的位置（如某星在某州或某宮某度）付予某種吉凶意義，并據之以推演，例如歲星（木星）、月將（某月太陽所躔之宮次）等。不過，由於不同的古代曆法推步的誤差及歲差的問題，若干年後，其術數所用之星辰的位置，已與真實星辰的位置不一樣了；此如歲星（木星），早期的曆法及術數以十二年為一周期（以應地支），與木星真實周期十一點八六年，每幾十年便錯一宮。後來術家又設一「太歲」的假想星體來解決，是歲星運行的相反，週期亦剛好是十二年。而術數中的神煞，很多即是根據太歲的位置而定。又如六壬術中的「月將」，原是立春節氣後太陽躔娵訾之次而稱作「登明亥將」，至宋代，因歲差的關係，要到雨水節氣後太陽才躔娵訾之次，當時沈括提出了修正，但明清時六壬術中「月將」仍然沿用宋代沈括修正的起法沒有再修正。

由於以真實星象周期的推步術是非常繁複，而且古代星象推步術本身亦有不少誤差，大多數術數除依曆書保留了太陽（節氣）、太陰（月相）的簡單宮次計算外，漸漸形成根據干支、日月等的各自起例，以起出其他具有不同含義的眾多假想星象及神煞系統。唐宋以後，我國絕大部分術數都主要沿用這一系統，也出現了不少完全脫離真實星象的術數，如《子平術》、《紫微斗數》、《鐵版神數》等。後來就連一些利用真實星辰位置的術數，如《七政四餘術》及選擇法中的《天星選擇》，也已與假想星象及神煞混合而使用了。

隨着古代外國曆（推步）、術數的傳入，如唐代傳入的印度曆法及術數，元代傳入的回回曆等，其中我國占星術便吸收了印度占星術中羅睺星、計都星等而形成四餘星，又通過阿拉伯占星術而吸收了其中來自希臘、巴比倫占星術的黃道十二宮、四大（四元素）學說（地、水、火、風），並與我國傳統的二十八宿、五行說、神煞系統並存而形成《七政四餘術》。此外，一些術數中的北斗星名，不用我國傳統的星名：天樞、天璇、天璣、天權、玉衡、開陽、搖光，而是使用來自印度梵文所譯的：貪狼、巨門、祿存、文曲，廉貞、武曲、破軍等，此明顯是受到唐代從印度傳入的曆法及占星術所影響。如星命術中的《紫微斗數》及堪輿術中的《撼龍經》等文獻中，其星皆用印度譯名。及至清初《時憲曆》，置閏之法則改用西法「定氣」。清代以後的術數，又作過不少的調整。

此外，我國相術中的面相術、手相術，唐宋之際受印度相術影響頗大，至民國初年，又通過翻譯歐西、日本的相術書籍而大量吸收歐西相術的內容，形成了現代我國坊間流行的新式相術。

陰陽學——術數在古代、官方管理及外國的影響

術數在古代社會中一直扮演着一個非常重要的角色，影響層面不單只是某一階層、某一職業、某一年齡的人，而是上自帝王，下至普通百姓，從出生到死亡，不論是生活上的小事如洗髮、出行等，大事如建房、入伙、出兵等，從個人、家族以至國家，從天文、氣象、地理到人事、軍事，從民俗、學術到宗教，都離不開術數的應用。我國最晚在唐代開始，已把以上術數之學，稱作陰陽（學），行術數者稱陰陽人。（敦煌文書、斯四三二七唐《師師漫語話》：「以下說陰陽人謾語話」，此說法後來傳入日本，今日本人稱行術數者為「陰陽師」）。一直到了清末，欽天監中負責陰陽術數的官員中，以及民間術數之士，仍名陰陽生。

古代政府的中欽天監（司天監），除了負責天文、曆法、輿地之外，亦精通其他如星占、選擇、堪輿等術數，除在皇室人員及朝庭中應用外，也定期頒行日書、修定術數，使民間對於天文、日曆用事吉凶及使用其他術數時，有所依從。

我國古代政府對官方及民間陰陽學及陰陽官員，從其內容、人員的選拔、培訓、認證、考核、律法監管等，都有制度。至明清兩代，其制度更為完善、嚴格。

宋代官學之中，課程中已有陰陽學及其考試的內容。（宋徽宗崇寧三年〔一一零四年〕崇寧算學令：「諸學生習……並曆算、三式、天文書。」「諸試……三式即射覆及預占三日陰陽風雨。天文即預

定一月或一季分野災祥，並以依經備草合問為通。」

金代司天臺，從民間「草澤人」（即民間習術數人士）考試選拔：「其試之制，以《宣明曆》試推步，及《婚書》、《地理新書》試合婚、安葬，並《易》筮法，六壬課、三命、五星之術。」（《金史》卷五十一・志第三十二・選舉一）

元代為進一步加強官方陰陽學對民間的影響、管理、控制及培育，除沿襲宋代、金代在司天監掌管陰陽學及中央的官學陰陽學課程之外，更在地方上增設陰陽學課程（《元史・選舉志一》：「世祖至元二十八年夏六月始置諸路陰陽學。」）地方上也設陰陽學教授員，培育及管轄地方陰陽人。（《元史・選舉志一》：「（元仁宗）延祐初，令陰陽人依儒醫例，於路、府、州設教授員，凡陰陽人皆管轄之，而上屬於太史焉。」）自此，民間的陰陽術士（陰陽人），被納入官方的管轄之下。

至明清兩代，陰陽學制度更為完善。中央欽天監掌管陰陽學，明代地方縣設陰陽學正術，各州設陰陽學典術，各縣設陰陽學訓術。陰陽人從地方陰陽學肆業或被選拔出來後，再送到欽天監考試。（《大明會典》卷二二三：「凡天下府州縣舉到陰陽人堪任正術等官者，俱從吏部送（欽天監），考中，送回選用；不中者發回原籍為民，原保官吏治罪。」）清代大致沿用明制，凡陰陽術數之流，悉歸中央欽天監及地方陰陽官員管理、培訓、認證。至今尚有「紹興府陰陽印」、「東光縣陰陽學記」等明代銅印，及某某縣某某之清代陰陽執照等傳世。

清代欽天監漏刻科對官員要求甚為嚴格。《大清會典》「國子監」規定：「凡算學之教，設肄業生。滿洲十有二人，蒙古、漢軍各六人，於各旗官學內考取。漢十有二人，於舉人、貢監生童內考取。附學生二十四人，由欽天監選送。教以天文演算法諸書，五年學業有成，舉人引見以欽天監博士用，貢監生童以天文生補用。」學生在官學肄業、貢監生肄業或考得舉人後，經過了五年對天文、算法、陰陽學的學習，其中精通陰陽術數者，會送往漏刻科。而在欽天監供職的官員，《大清會典則例》「欽天監」規定：「本監官生三年考核一次，術業精通者，保題升用。不及者，停其升轉，再加學習。如能黽勉供職，即予開復。仍不及者，降職一等，再令學習三年，能習熟者，准予開復，仍不能者，黜退。」除定期考核以定其升用降職外，《大清律例》中對陰陽術士不準確的推斷（妄言禍福）是要治罪的。《大清律例・一七八・術七・妄言禍福》：「凡陰陽術士，不許於大小文武官員之家妄言禍福，違者杖一百。其依經推算星命卜課，不在禁限。」大小文武官員延請的陰陽術士，自然是以欽天監漏刻科官員或地方陰陽官員為主。

官方陰陽學制度也影響鄰國如朝鮮、日本、越南等地，一直到了民國時期，鄰國仍然沿用着我國的多種術數。而我國的漢族術數，在古代甚至影響遍及西夏、突厥、吐蕃、阿拉伯、印度、東南亞諸國。

術數研究

術數在我國古代社會雖然影響深遠，「是傳統中國理念中的一門科學，從傳統的陰陽、五行、九宮、八卦、河圖、洛書等觀念作大自然的研究。……傳統中國的天文學、數學、煉丹術等，要到上世紀中葉始受世界學者肯定。可是，術數還未受到應得的注意。術數在傳統中國科技史、思想史，文化史、社會史，甚至軍事史都有一定的影響。……更進一步了解術數，我們將更能了解中國歷史的全貌。」（何丙郁《術數、天文與醫學中國科技史的新視野》，香港城市大學中國文化中心。）

可是術數至今一直不受正統學界所重視，加上術家藏秘自珍，又揚言天機不可洩漏，「（術數）乃吾國科學與哲學融貫而成一種學說，數千年來傳衍嬗變，或隱或現，全賴一二有心人為之繼續維繫，賴以不絕，其中確有學術上研究之價值，非徒癡人說夢，荒誕不經之謂也。其所以至今不能在科學中成立一種地位者，實有數因。蓋古代士大夫階級目醫卜星相為九流之學，多恥道之；而發明諸大師又故為惝恍迷離之辭，以待後人探索；間有一二賢者有所發明，亦秘莫如深，既恐洩天地之秘，復恐譏為旁門左道，始終不肯公開研究，成立一有系統說明之書籍，貽之後世。故居今日而欲研究此種學術，實一極困難之事。」（民國徐樂吾《子平真詮評註》，方重審序）

現存的術數古籍，除極少數是唐、宋、元的版本外，絕大多數是明、清兩代的版本。其內容也主要是明、清兩代流行的術數，唐宋或以前的術數及其書籍，大部分均已失傳，只能從史料記載、出土文獻、敦煌遺書中稍窺一鱗半爪。

術數版本

坊間術數古籍版本，大多是晚清書坊之翻刻本及民國書賈之重排本，其中豕亥魚魯，或任意增刪，往往文意全非，以至不能卒讀。現今不論是術數愛好者，還是民俗、史學、社會、文化、版本等學術研究者，要想得一常見術數書籍的善本、原版，已經非常困難，更遑論如稿本、鈔本、孤本等珍稀版本。在文獻不足及缺乏善本的情況下，要想對術數的源流、理法、及其影響，作全面深入的研究，幾不可能。

有見及此，本叢刊編校小組經多年努力及多方協助，在海內外搜羅了二十世紀六十年代以前漢文為主的術數類善本、珍本、鈔本、孤本、稿本、批校本等數百種，精選出其中最佳版本，分別輯入兩個系列：

一、心一堂術數古籍珍本叢刊

二、心一堂術數古籍整理叢刊

前者以最新數碼（數位）技術清理、修復珍本原本的版面，更正明顯的錯訛，部分善本更以原色彩色精印，務求更勝原本。并以每百多種珍本、一百二十冊為一輯，分輯出版，以饗讀者。

後者延請、稿約有關專家、學者，以善本、珍本等作底本，參以其他版本，古籍進行審定、校勘、注釋，務求打造一最善版本，方便現代人閱讀、理解、研究等之用。

限於編校小組的水平，版本選擇及考證、文字修正、提要內容等方面，恐有疏漏及舛誤之處，懇請方家不吝指正。

心一堂術數古籍珍本/整理叢刊編校小組

二零零九年七月序

二零一四年九月第三次修訂

未來先知秘術 文王神課

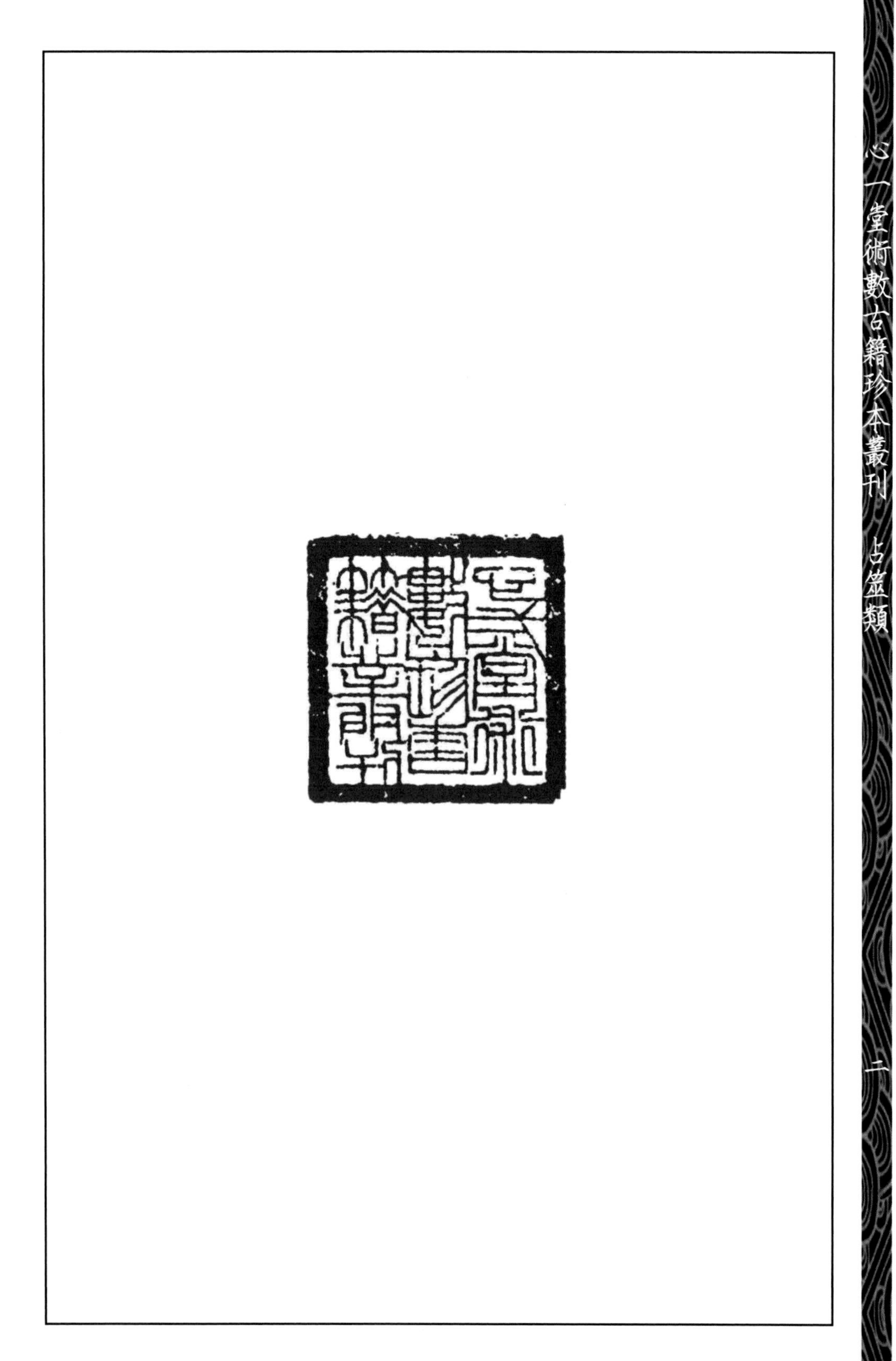

文王神課目次

文王神課　目次

文王神課

一　卜卦入門

離　丙午丁　火
坤　未申
兌　庚酉辛　金
乾　戌亥
坎　壬子癸　水
艮　丑寅
震　甲卯乙　木
巽　辰巳

◆八卦陰陽歌訣（熟讀）

乾為父。震為長男。坎為中男。艮為少男。俱屬陽。坤為大母。

巽為長女。離為中女。兌為少女。俱屬陰。

◆六十四卦歌訣（熟讀）

乾為天。天風姤。天山遯。天地否。風地觀。山地剝。火地晉。火天大有。為乾宮八卦。俱屬金

坎為水。水澤節。水雷屯。水火既濟。澤火革。雷火豐。地火明夷。地水師。為坎宮八卦。俱屬水

艮為山。山火賁。山天大畜。山澤損。火澤睽。天澤履。風澤中孚。風山漸。為艮宮八卦。俱屬土

震為雷。雷地豫。雷水解。雷風恆。地風升。水風井。澤風大過。澤雷隨。為震宮八卦。俱屬木

巽為風。風天小畜。風火家人。風雷益。天雷無妄。火雷噬嗑。山雷頤。山風蠱。為巽宮八卦。俱屬木

離為火。火山旅。火風鼎。火水未濟。山水蒙。風水渙。天水訟。天火同人。為離宮八卦。俱屬火

坤為地。地雷復。地澤臨。地天泰。雷天大壯。澤天夬。水天需。水地比。為坤宮八卦。俱屬土

兌為澤。澤水困。澤地萃。澤山咸。水山蹇。地山謙。雷山小過。雷澤歸妹。為兌宮八卦。俱屬金。

◆以錢代蓍占卦法

文王神課　一　卜卦入門

卜卦之法。自周文拘囚羑里。演易為六十四卦。闡明易理之秘旨。其道大備。因是有文王課之名。後世卜易者。都敬奉周文為老祖。古時占卦。例用蓍草。亦憑單雙為爻數。自京房始創以錢代蓍之法。後學取其活動便捷。咸奉為圭臬。至今幾不知有用蓍占課之法矣。代蓍法每遇占課。雙手捧持長約三四寸之有蓋小竹筒。內藏銅錢三枚。熏於爐香上端。凝神而祝曰「天何言哉。叩卽應之。神之靈矣。感而遂通。今有某某(問事人姓名)有事關心。不知休咎。罔釋厥疑。惟神惟靈。若可若否。望垂昭報。」祝畢。手持竹筒上下搖動。啓蓋將錢倒出。看是一背為單。記號為一、。兩背為拆。記號為兩八。三背為重。畫上一○。三字為交。打上一×。一背單爻為陽。(擲得字背之記號、俱稱爻、第一擲為初爻、第二擲為二爻、第三擲為三爻、自下裝上、)得三背為陽動。例作一點。兩背拆爻為陰。得三字謂之陰動。例作兩八。三擲得三爻而內卦成。再祝曰「某宮三象吉凶未判。再求外卦。」祝畢。再搖再擲。記號如前。稱作四爻五爻六爻。如得單單單曰乾。拆拆拆曰坤。單拆單曰離。拆單拆曰坎。餘卦類推。(參看第四章)三背三字之爻謂發動。動必有變。重變拆。交變單。

◈卦象三爻寫法(自下裝上)

乾三連。、、、。連得三爻俱是單。為乾卦。　坤六斷。八八八。連得三爻俱是拆。為坤卦。　震仰盂。八八、。初爻二爻俱是拆三爻單。為震卦。　艮覆盌。、八八。初爻單二爻三爻俱是拆。為艮卦。　離中虛。、八、。初爻單二爻拆。三爻單。為離卦。　坎中滿。八、八。初爻拆二爻單三爻拆。為坎卦。兌上缺。八、、。初爻拆二爻三爻俱是單。為兌卦。巽下斷。、、八。初爻二爻俱是單三爻拆。為巽卦。

◈點卦舉例說明

八　六爻　○　五爻　×　四爻(上三爻為外卦)
○　三爻　八　二爻　、　初爻(下三爻為內卦)

初學點卦。但見一點兩點無動爻之卦。容易明白。如見○兒×兒之動爻卦如上式者。不甚明白。宜細心演習。如占得此卦。另紙點出。將圈下加一點。×下加兩點。欲知何卦。參看動卦圖及演式。餘卦類推。因動爻不能作原卦論。例如乾卦第六爻變動。戌土變為未土。與夬卦第六爻同。六親雖不改。當易名乾之夬。

◈動變世應說明

六爻不動則不變。不動者。祇見一背兩背也。若見三背三字。點作○×者謂之動。動則必變。例如乾卦、、、。初爻動則變成巽卦、、八。又如坤卦三爻動×××變作乾卦、、、。是卽陽動變陰。陰動變陽之例也。上列卦象三爻寫法。祇分八宮。未能概括六十四卦。於是一點二點之外。又用世應兩字爲區別。配卦全憑世爻爲準則。隔世爻兩位便是應爻。須將六十四卦之世爻位次讀熟。則點定爻象後。卽知屬何卦名。要知世爻爲卜易之最要關鍵。既爲配卦之眉目。更爲論斷吉凶之標準也。

❖世爻生剋吉凶

凡自占吉凶者。以世爻爲用神。尋地以世爻爲穴。世爻旺相。或日月動爻生扶。或應來生世合世（憑干支五行生剋冲合推詳）及世動化吉。化回頭生。化進神者。諸占皆吉。不宜世值休囚。及被日月動爻冲剋。或應來冲世剋世。及世動化凶。化回頭剋。化退神者。諸占皆凶。世爻發動。變出巳午之火。謂之回頭生。世變出寅卯之木。謂之回頭剋世。變出辰土。謂之回頭冲世。變出卯木。謂之合世。

❖應爻生剋吉凶

應爻例隔世爻兩位。凡代占吉凶者。當以應爻爲用神。尋地以應爻爲對山。世爲自己。應爲他人。故應來生世者吉。應來剋世者凶。

二 卜卦必讀

❖天干五行方位

甲乙東方木。丙丁南方火。戊己中央土。庚辛西方金。壬癸北方水。

❖地支五行生肖

子水鼠。丑土牛。寅木虎。卯木兔。辰土龍。巳火蛇。午火馬。未土羊。申金猴。酉金雞。戌土狗。亥水猪。

❖地支五行

寅卯屬木。巳午屬火。申酉屬金。亥子屬水。辰戌丑未屬土。寅午戌合(三合)火局。亥卯未合木局。巳酉丑合金局。申子辰合水局。辰戌丑未合土局。謂之三合。寅刑巳。(三刑)巳刑申。未刑丑。丑刑戌。子刑卯。卯刑子。辰辰相刑。午午相刑。酉酉相刑。亥亥相刑。謂之三刑。子與丑。合(六合)寅與亥合。卯與戌合。辰與酉合。巳與申合。午與未合。謂之六合。子午相冲。丑未(六冲)相冲。寅申相冲。卯酉相冲。辰戌相冲。巳亥相冲謂之六冲。

子未相穿。丑午六害相穿。寅巳相穿。卯辰相穿。申亥相穿。酉戌相穿謂之六害。

◆生旺墓絶定例

金長生在巳。旺在酉。墓在丑。絶在寅　木長生在亥。旺在卯。墓在未。絶在申。　火長生在寅。旺在午。墓在戌。絶在亥。水土長生在申。旺在子。墓在辰。絶在巳。

◆五行旺相休囚

正二月木爲旺。火爲相。土金水俱作休囚。　三月土爲旺。金爲相。木雖不旺尚有餘氣。水火俱作休囚。

四五月火爲旺。土爲相。金水木俱作休囚。　六月土爲旺。金爲相。火雖不旺尚有餘氣。木水俱作休囚。

七八月金爲旺。水爲相。木火土俱作休囚。　九月土爲旺。金爲相。水木火俱作休囚。　十月十一月水爲旺。木爲相。火土金俱作休囚。　十二月土爲旺。金爲相。水雖不旺尚有餘氣。木火俱作休囚。

◆五行相生(熟讀)

金生水。水生木。木生火。火生土。土生金。

◆五行相剋(熟讀)

金剋木。木剋土。土剋水。水剋火。火剋金。

◆六親生剋(熟讀)

生我者爲父母。剋我者爲官鬼。我生者爲子孫。我剋者爲妻財。扶我者爲兄弟。

◆六神配爻定例(熟讀)

甲乙日。玄武、白虎、螣蛇、勾陳、朱雀、青龍。　丙丁日青龍、玄武、白虎、螣蛇、勾陳、朱雀。　戊日朱雀、青龍、玄武、白虎、螣蛇、勾陳。　己日勾陳、朱雀、青龍、玄武、白虎、螣蛇。　庚辛日螣蛇、勾陳、朱雀、青龍、玄武、白虎。　壬癸日白虎、螣蛇、勾陳、朱雀、青龍、玄武。(此爲六神按日配卦定例)

三　卜卦秘訣

◆學習裝卦秘訣

余初學卜卦。僅知第一章所載點卦法。苦於不明五行六親裝卦之法。遍叩卜卦家。答語含混。不肯明白見告。旋悉老友胡君精通易理。亟往請益。願爲弟子。胡君曰。切磋琢磨。原屬友朋之天職。吾非江湖術士。賴卜卦以謀生者。願以眞傳秘訣。假爾抄錄。言下卽出八宮裝卦全圖授余曰。汝遇起課。六爻點準後。檢查此圖。卽知當裝某宮某卦。後附卜易占驗分論各卦斷法。雖則卷帙無多。卜卦之要旨具備。舉一反三。不難融會貫通也。余展圖披閱。莫名其妙。問曰。圖中所裝之五行六親及地支。有無一定秘訣乎。胡君曰。有之。名曰納甲裝卦歌訣。宜先讀熟。再將安世應訣看明。然後披閱八宮裝卦圖。固然一目了然。不看圖。祇須讀熟各種歌訣。亦可裝卦矣。言下卽出納甲裝卦歌。詳加指教。是眞我之益友良師也。茲將歌圖錄後。

◆納甲裝卦歌訣（自下裝起。初爻在下。六爻在上。卦卦如此。）

乾金甲子外壬午。（附註。乾金者。卦名乾爲天。爲乾宮第一卦。屬金也。甲子者。內卦初爻配甲子也。外壬午者。外卦第四爻配壬午也。所當知者。內外卦三爻之天干。都與初爻四爻同。所異者地支字）子寅辰午申戌。（附註此卽乾爲天卦六爻所配之地支字也。演式如下。壬戌土、世。壬申、金。壬午火。甲辰土、應。甲寅木。甲子水。按式中六爻所配五行。根據地支五行（見前）而來。故裝卦時可以單寫地支及五行。天干字可從略。）

坎水戊寅外戊申。（附註。坎水者。卦名坎爲水。爲坎宮第一卦。屬水也。戊寅者。內卦初爻之干支。外戊申者。外卦第四爻之干支也。）寅辰午申戌子。（附註。此卽坎卦六爻所配之地支也。至於天干六爻俱屬戊。艮土丙辰外丙戌。辰午申戌子寅。）（裝法與前二卦同。不再附註。）以下五宮裝法。見八宮裝卦全圖。

◆分配六親秘訣

六親者。卽生我者爲父母。我生者爲子孫。剋我者爲官鬼。我剋者爲妻財。比和者爲兄弟是也。每卦裝點地支五行後。皆須分配六親。方可論斷旺相休咎。其法乃取卦身所屬五行。與六爻所屬五行對照。我卽指卦身所屬五行。與六爻五行相配。分別生剋而得六親。茲舉乾宮第一卦爲例。演式以說明之。乾爲天屬金。

世			應		
戌土	申金	午火	辰土	寅木	子水
父母	兄弟	官鬼	父母	妻財	子孫

（說明）卦身屬金。與初爻子水相配。乃是金生水。是我生者。故配子孫。二爻寅木。與卦身金相配。乃是金剋木。是我剋者。故配妻財。三爻辰土。與卦身金相配。乃是土生金。是生我者。故配父母。四爻午火。與卦身金相配。乃是火剋金。是尅我者。故配官鬼。五爻申金。與卦身金相

配。金與金相碰是比和者。(亦稱扶我)故配兄弟。六爻戌土與卦身金相配。乃是土生金。是生我者。故配父母。餘卦仿此。要知六十四卦所屬五行。止分八宮。卽乾金、坎水、艮土、震木、巽木、離火、坤土、兌金是也。明瞭此訣。裝卦易如反掌矣。

◆八宮裝卦圖(初學點爻。不會裝五行六親者。祇須將六爻點準。卽可按圖裝配。如欲自裝。須讀渾天甲子。)

乾宮八卦全圖

乾為天 金	天山遯 金	風地觀 金	火地晉 金
父母戌土、世	父母戌土、	妻財卯木、	官鬼巳火、
兄弟申金、	兄弟申金、應	官鬼巳火、	父母未土八
官鬼午火、	官鬼午火、	父母未土八世	兄弟酉金、世
父母辰土、應	兄弟申金、	妻財卯木八	妻財卯木八
妻財寅木、	官鬼午火八世	官鬼巳火八	官鬼巳火八
子孫子水、	父母辰土八	父母未土八應	父母未土八應

天風姤 金	天地否 金	山地剝 金	火天大有 金
父母戌土、	父母戌土、應	妻財寅木、	官鬼巳火、應
兄弟申金、	兄弟申金、	子孫子水八世	父母未土八
官鬼午火、應	官鬼午火、	父母戌土八	兄弟酉金、
兄弟申金、	妻財卯木八世	妻財卯木八	兄弟辰土、世
子孫亥水、	官鬼巳火八	官鬼巳火八應	妻財寅木、
父母丑土八世	父母未土八	父母未土八	子孫子水、

坎宮八卦全圖

坎為水 水	水澤節 水	水雷屯 水
兄弟子水八世	兄弟子水八	兄弟子水八
官鬼戌土、	官鬼戌土、	官鬼戌土、應
父母申金八	父母申金八應	父母申金八
妻財午火八應	官鬼丑土八	官鬼辰土八
官鬼辰土、	子孫卯木、	子孫寅木八世
子孫寅木八	妻財巳火、世	兄弟子水、

澤水革 水	地火明夷 水	水火既濟 水	雷火豐 水	地水師 水
官鬼 未土 八	父母 酉金 八	兄弟 子水 八應	官鬼 戌土 八	父母 酉金 八應
父母 酉金 、	兄弟 亥水 八	官鬼 戌土 、	父母 申金 八世	兄弟 亥水 八
兄弟 亥水 、世	官鬼 丑土 八世	父母 申金 八	妻財 午火 、	官鬼 丑土 八
兄弟 亥水 、	兄弟 亥水 、	兄弟 亥水 、世	兄弟 亥水 、	妻財 午火 八世
官鬼 丑土 八	官鬼 丑土 八	官鬼 丑土 八	官鬼 丑土 八應	官鬼 辰土 、
子孫 卯木 、應	子孫 卯木 、應	子孫 卯木 、	子孫 卯木 、	子孫 寅木 、

艮宮八卦全圖

艮為山 土	山天大畜 土
官鬼 寅木 、世	官鬼 寅木 、
妻財 子水 八	妻財 子水 八應
兄弟 戌土 八	兄弟 戌土 八
子孫 申金 、應	兄弟 辰土 、
父母 午火 八	官鬼 寅木 、世
兄弟 辰土 八	妻財 子水 、

火澤睽 土	風澤中孚 土	山火賁 土	山澤損 土	天澤履 土	風山漸 土
父母 巳火 、	官鬼 卯木 、	官鬼 寅木 、	官鬼 寅木 、應	兄弟 戌土 、	官鬼 卯木 、應
兄弟 未土 八	父母 巳火 、	妻財 子水 八	妻財 子水 八	子孫 申金 、世	父母 巳火 、
子孫 酉金 、世	兄弟 未土 八世	兄弟 戌土 八應	兄弟 戌土 八	父母 午火 、	兄弟 未土 八
兄弟 丑土 八	兄弟 丑土 八	妻財 亥水 丑	兄弟 丑土 八世	兄弟 丑土 八	子孫 申金 、世
官鬼 卯木 、	官鬼 卯木 、	兄弟 丑土 八	官鬼 卯木 、	官鬼 卯木 、應	父母 午火 八
父母 巳火 、應	父母 巳火 、應	官鬼 卯木 、世	父母 巳火 、	父母 巳火 、	兄弟 辰土 、

震宮八卦全圖

震為雷 木
妻財 戌土 八世
官鬼 申金 八
子孫 午火 、
妻財 辰土 八應
兄弟 寅木 八
父母 子水 、

文王神課　三卜卦秘訣

雷水解 木	雷地豫 木	雷風恒 木	地風升 木	澤風大過 木	水風井 木	澤雷隨 木
妻戌八 財土	妻戌八 財土	妻戌八 財土應	官酉八 鬼金	妻未八 財土	父子八 母水	妻未八 財土應
官申八 鬼金應	官申八 鬼金	官申八 鬼金	父亥八 母水應	官酉、 鬼金	妻戌、 財土世	官酉、 鬼金
子午、 孫火	子午、 孫火應	子午、 孫火	妻丑八 財土	父亥、 母水世	官申八 鬼金	父亥、 母水
子午八 孫火	兄卯八 弟木	官酉、 鬼金世	官酉、 鬼金	官酉、 鬼金	官酉、 鬼金	妻辰八 財土
妻辰、 財土世	子巳八 孫火	父亥、 母水	父亥、 母水世	父亥、 母水	父亥、 母水應	兄寅八 弟木世
兄寅、 弟木	妻未八 財土世	妻丑八 財土風	妻丑八 財土	妻丑八 財土應	妻丑八 財土	父子、 母水

巽宮八卦全圖

巽爲風 木	風火家人 木	天雷無妄 木	山雷頤 木	風天小畜 木	風雷益 木	火雷噬嗑 木
兄卯、 弟木世	兄卯、 弟木	妻戌八 財土	兄寅、 弟木	兄卯、 弟木	兄卯、 弟木應	子巳、 孫火
子巳、 孫火	子巳、 孫火應	官申、 鬼金	父子八 母水	子巳、 孫火	子巳、 孫火	妻未八 財土世
妻未八 財土	妻未八 財土	子午、 孫火世	妻戌八 財土世	妻未八 財土應	妻未八 財土	官酉、 鬼金
官酉、 鬼金應	父亥、 母水	妻辰八 財土	妻辰八 財土	妻戌、 財土	妻辰八 財土世	妻辰八 財土
父亥、 母水	妻丑八 財木世	兄寅八 弟木	兄寅× 弟木	兄寅、 弟木	兄寅八 弟木	兄寅八 弟木應
妻丑八 財土	兄卯、 弟木	父子、 母水應	父子、 母水應	父子、 母水世	父子、 母水	父子、 母水

離宮八卦全圖

山風蠱 木	離為火 火	火風鼎 火	山水蒙 火	火山旅 火	水火未濟 火	風水渙 火
兄寅、 弟木應	兄巳、 弟火世	兄巳、 弟火	父寅、 母木	兄巳、 弟火	兄巳八 弟火應	父卯、 母木
父子八 母水	子未八 孫土	子未八 孫土應	官子八 鬼水	子未八 孫土	子未、 孫土	兄巳、 弟火
妻戌八 財土	妻酉、 財金	妻酉、 財金	子戌八 孫土世	妻酉、 財金應	妻酉八 財金	子未八 孫土世
官酉、 鬼金世	官亥、 鬼水應	妻酉、 財金	兄午八 弟火	妻申、 財金	兄午、 弟火世	兄午八 弟火
父亥、 母水	子丑八 孫土	官亥、 鬼水世	子辰、 孫土	兄午八 弟火	子辰八 孫土	子辰、 孫土應
妻丑八 財土	父卯、 母木	子丑八 孫土	父寅八 母木應	子辰八 孫土世	父寅、 母木	父寅、 母木

坤宮八卦全圖

天水訟 火	天火同人 火	坤為地 土	地澤臨 土	雷天大壯 土	水天需 土	地雷復 土
子戌、 孫土	子戌、 孫土應	子酉八 孫金世	子酉八 孫金	兄戌八 弟土	妻子八 財水	子酉八 孫金
妻申、 財金	妻申、 財金	妻亥八 財水	妻亥八 財水應	子申八 孫金	兄戌、 弟土	妻亥八 財水
兄午、 弟火世	兄午、 弟火	兄丑八 弟土	兄丑八 弟土	父午、 母火世	子申八 孫金世	兄丑八 弟土應
兄午八 弟火	官亥、 鬼水世	官卯八 鬼木應	兄丑八 弟土	兄辰、 弟土	兄辰、 弟土	兄辰八 弟土
子辰、 孫土	子丑八 孫土	父巳八 母火	官卯、 鬼木	官寅、 鬼木	官寅、 鬼木	官寅八 鬼木
父寅八 母木應	父卯、 母木	兄未八 弟土	父巳、 母火	妻子、 財水應	妻子、 財水應	妻子、 財水世

地天泰 土	澤天夬 土	水地比 土
子孫 酉金 八應	兄弟 未土 八	妻財 子水 八應
妻財 亥水 八	子孫 酉金 、世	兄弟 戌土 、
兄弟 丑土 八	妻財 亥水 、	子孫 申金 八
兄弟 辰土 、世	兄弟 辰土 、	官鬼 卯木 八世
官鬼 寅木 、	官鬼 寅木 、應	父母 巳火 八
妻財 子水 、	妻財 子水 、	兄弟 未土 八

兌宮八卦全圖

兌為澤 金	澤地萃 金	水山蹇 金	雷山小過 金
父母 未土 八世	父母 未土 八	子孫 子水 八	父母 戌土 八
兄弟 酉金 、	兄弟 酉金 、應	父母 戌土 、	兄弟 申金 八
子孫 亥水 、	子孫 亥水 、	兄弟 申金 八世	官鬼 午火 、世
父母 丑土 八應	妻財 卯木 八	兄弟 申金 、	兄弟 申金 、
妻財 卯木 、	官鬼 巳火 八世	官鬼 午火 、	官鬼 午火 八
官鬼 巳火 、	父母 未土 八	父母 辰土 、應	父母 戌土 八應

澤水困 金	澤山咸 金	地山謙 金	雷澤歸妹 金
父母 未土 八	父母 未土 八應	兄弟 酉金 八	父母 戌土 八應
兄弟 酉金 、	兄弟 酉金 、	子孫 亥水 八世	兄弟 申金 八
子孫 亥水 、應	子孫 亥水 、	父母 丑土 八	官鬼 午火 、
官鬼 午火 八	兄弟 申金 、世	兄弟 申金 、	父母 丑土 八世
父母 辰土 、	官鬼 午火 八	官鬼 午火 八應	妻財 卯木 、
妻財 寅木 八世	父母 辰土 八	父母 辰土 八	官鬼 巳火 、

◆安排世應歌訣（讀熟）

八卦之首世六當。（附註八宮第一卦。世位一律排在第六爻自下裝上推算）以下初爻輪上當。（附註八宮第二卦初爻安世。第三卦二爻安世逐步上安故曰輪上當。八宮俱是如此安排）游魂八宮四爻立。（游魂之卦共有八。見後。遇之四爻安世）歸魂八卦三爻詳。（附註遇歸魂卦三爻安世位隔世爻兩位便是應爻）

◆游魂歸魂卦名（讀熟）

游魂卦　火地晉。地火明夷。風澤中孚。澤風大過。天水訟。

水天需山雷頤。雷山小過。（世位俱在第四爻。）
歸魂卦。火天大有天火同人。風山漸山風蠱。地水師。水
地比雷澤歸妹澤雷隨。（世位俱在第三爻）

◈六冲六合卦名

六冲卦十　乾爲天艮爲山震爲雷巽爲風離爲火坤爲
地兌爲澤天雷无妄雷天大壯。八宮第一卦皆爲六冲
六合卦八　天地否水澤節山火賁雷地豫火山旅地雷
復地天泰澤水困。

◈渾天甲子歌訣（熟讀此歌。八宮內外卦之地
支五行。一目了然。不必查圖。卽可裝卦矣。）

乾在內卦。（附註言地支五行在乾宮內卦也）子水、寅
木、辰土。乾在外卦。午火、申金、戌土。坎在內卦。寅木、辰土、午
火。坎在外卦。申金、戌土、子水。艮在內卦。辰土、午火、申金。艮
在外卦。戌土、子水、寅木。震在內卦。子水、寅木、辰土。震在外
卦。午火、申金、戌土。巽在內卦。丑土、亥水、酉金。巽在外卦。未
土、巳火、卯木。離在內卦。卯木、丑土、亥水。離在外卦。酉金、未
土、巳火。坤在內卦。未土、巳火、卯木。坤在外卦。丑土、亥水、酉
金。兌在內卦。巳火、卯木、丑土。兌在外卦。亥水、酉金、未土。

◈用神分類定例

（一）占祖父母、父母、師長、家主、伯叔、姑嫂、與我父母同輩
之親友。及城牆宅舍。舟車衣服。求雨。經營。章奏文章。館舍
俱以父母爻爲用神。（二）占功名官府。雷電鬼神。丈夫
之同輩及親友。亂臣盜賊。邪祟憂疑。病症尸首。逆風順風
等俱以官鬼爲用神。（三）占兄弟姊妹。夫妻之兄弟。世
兄弟。盟兄弟及知交朋友。俱以兄弟爲用神。（四）占嫂
與弟婦。妻妾婢僕。及親友妻妾。物價錢財。珠寶金銀。倉庫
錢糧。什物器皿。俱以妻財爲用神。（五）占兒女孫姪女
壻門生。忠臣良將。藥材。六畜。僧道。禽獸。順風。陰晴。解憂避
禍。俱以子孫爻爲用神。（六）僕占主人。以父母爻爲用
神。主占僕。例以妻財爻爲用神。占兄弟之妻之姊妹。以財
爻爲用神。占夫之兄弟。以宮鬼爻爲用神。又當知兄弟爻
爲風雲。官鬼爻爲逆風。子孫爻爲順風。貴人以子孫爻爲
惡煞。庶人以子孫爻爲福神。全在取用者神而化之。旣得
用神。須看有元神動而生扶否。有忌神動而剋害否。

◈元神忌神仇神舉例

元神者。爲生用神之爻。若得旺相。（附註、憑占卦月分而
定。如在正二月取木爲旺。火爲相。查旺相休囚訣便知。）
或臨日月及旺動化回頭生者。（註見後）諸占皆吉。　忌

神者爲剋用神之爻。以衰靜爲宜。若見旺動。諸占大凶。仇神者剋制元神。不能生用神。反生忌神而剋害用神者。例如金爲用神。土能生金。六爻中何爻配土。卽是元神。剋金者火也。配火之爻。卽是忌神。剋土生火者木也。木爻卽爲仇神。餘可類推。

❖重要星宿定例（熟讀）

（天喜）春戌夏丑秋辰冬未。（月德）寅午戌月在丙。亥卯未月在甲。巳酉丑月在庚。申子辰月在壬。（貴人）甲戊庚牛羊。乙巳鼠猴鄉。丙丁猪雞位。壬癸兔蛇藏。六辛逢馬虎。此是貴人方。（驛馬）申子辰馬在寅。巳酉丑馬在亥。寅午戌馬在申。亥卯未馬在巳。

四 斷易南針

卜易僅能點爻裝卦。配五行。分世應。不過嫻熟外觀之方式耳。欲知所裝之卦爲吉爲凶。須於六爻之動變。五行之生剋冲合刑害（諸訣必須熟讀）六親之喜忌等求之。義理精深。卦象玄妙。苟非研窮易理。奚能盡悉其底蘊。茲就野鶴老人之卜易心得。選錄其論理明晰。貼切實用者論列於後。以便學易者之研究。

❖長生掌訣（熟讀）

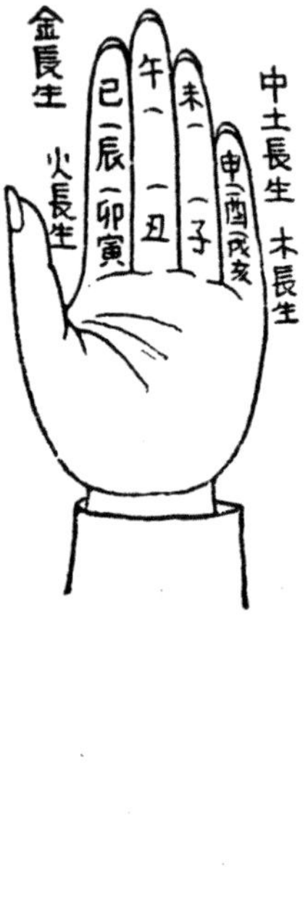

中土長生 木長生
金長生 火長生
午 未 申 酉 戌亥 子 丑 寅 卯 辰 巳

長生。沐浴。官帶。臨官。帝旺。衰。病。死。墓。絶。胎。養。

❖月破舉例（熟讀）（凡月建所冲之爻爲月破。起卦必須寫明年月日時之干支。檢查新印萬年曆卽知）

立春正月節建寅破申。驚蟄二月節建卯破酉。淸明三月節建辰破戌。立夏四月節建巳破亥。芒種五月節建午破子。小暑六月節建未破丑。立秋七月節建申破寅。白露八月節建酉破卯。寒露九月節建戌破辰。立冬十月節建亥破巳。大雪十一月節建子破午。小寒十二月節建丑破未。

❖六甲旬空起例

甲子旬中戌亥空（附註甲子日起至癸酉日止。十日爲一旬。旬內無戌亥。故曰戌亥空。以下五個旬空仿此）甲寅旬中子丑空。甲辰旬中寅卯空。甲午旬中辰巳空。甲申旬中午未空。甲戌旬中申酉空。

◆進神退神起例（熟讀）

進神例　寅化卯。巳化午。申化酉。亥化子。辰化未。未化戌。戌化丑。丑化辰。

退神例　卯化亥。午化巳。酉化申。子化亥。辰化丑。丑化戌。戌化未。未化辰。

◆日月建傳符訣（熟讀）

日建加青龍。財祿喜重重。朱雀宜施用。勾陳事未通。螣蛇多怪異。白虎破財凶。玄武陰私擾。應在日時中。月建如逢此。斷法亦相同。

◆六親變化歌訣（熟讀）

父母化父母進神。文書許化子不傷丁。化鬼官遷舉。化財宅長憂。兄弟爲泄氣。（此以父母爲主。遇動而化）子孫化退神。人財不稱情。化父田蠶敗。化財加倍榮。化鬼憂生產。兄弟謂相生。（以子孫爲主。遇動爻而化）官化進神祿。求官應疾速。化財占病凶。化父文書遂。化子必傷官。化兄弟不睦。（以官鬼爲主。遇動爻而化妻財化進神。）錢財入宅來。化官憂戚戚。化子笑哈哈。化父宜家長。化兄主破財。（以妻財爲主。遇動爻而化）兄弟化退神。凡占無所忌。化父妾奴驚。化財財不遂。化官弟有災。化子却如意。（以兄弟爲主。遇動爻而化。）（附註此訣當與進神退神同看。父母化父母者。本爻變動。辰土父母化爲未土父母是也。餘可類推。）

◆六親發動歌訣（熟讀）

父動當頭剋子孫。病人無藥主昏沉。姻親子息應難得。買賣勞心利不生。占問行人書信動。官司下狀理先分。士人科舉登金榜。失物逃亡要訴論。（附註此訣專論父母爻當頭變動之吉凶）即可據此以論斷

子孫發動傷官鬼。占病求醫身便痊。行人買賣身康泰。婚姻美滿是前緣。產婦當生子易養。詞訟私和不到官。謁貴求名休進用。勸君守分聽乎天。（子孫動於爻中。雖主諸事吉昌。求官不利。然須兼看他爻有無沖剋也。）

官鬼從來剋兄弟。婚姻未就生疑滯。病困家中禍祟來。耕種蠶桑皆不利。出外逃亡定見災。詞訟官司遭囚繫。買賣財輕賭博輸。失物難尋多暗昧。（官鬼動剋兄弟。諸事皆凶。爻中不有生合旺相發見矣。）

財爻發動剋文書應舉求名總是虛將本經營爲大吉姻親如意樂無虞行人在外身將動產婦臨盆快易生失物猶存家未出病人傷胃又傷肝（妻財爻動只利經商與生產功名無望也）

兄弟交重（重爲○交爲×即占爻變動之象）剋妻財病人難愈未離災應舉奪標爲忌客宜非陰賊耗錢財若帶吉神還有助行人道阻未歸來經營貨物防虧折買婢求妻事不諧（兄弟爻發動諸事凶多吉少）

◆用神發動歌訣（參看用神分類定例）

用神發動在爻中縱值休囚亦不凶更得生扶兼旺相管教作事永亨通

◆用神空亡歌訣（熟讀）

發動逢冲不謂空靜空遇剋却爲空忌神最喜逢空吉用神元神不可空春土夏金秋樹木三冬逢火是眞空旬空又値眞空象再遇爻傷到底空

◆世應生剋歌訣（熟讀）

世應相生則吉世應相剋則凶世應比和事中平（世爻應爻之干支五行相同謂之比和）作事謀爲可用應動他人反變應空他意難同世空世動我心慵只恐自家懶動

◆忌神元神動靜歌（熟讀）

看卦先須看忌神（參看忌神元神伏神舉例即知各卦忌神元神所在）忌神宜靜不宜興（興動也）忌神反要逢傷剋若遇生扶用（用神也）受刑

元（作原）神發動志揚揚用伏藏兮（參看第五章飛伏神卦例斷）也不妨須要生扶兼旺相最嫌化剋與逢傷

◆六爻動靜歌訣（熟讀）

（六爻亂動訣）六爻亂動事難明須向當中看用神用遇休囚遭剋害須知此事費精神

（六爻安靜訣）卦遇六爻安靜當看用與日辰日辰剋用及相刑作事還當謹愼更將世應推究忌神切莫加臨世應臨用及原神作事斷然昌盛

◆諸爻持世歌訣（熟讀）

世爻旺相（正二月占卦世卦臨木爲旺遇火爲相餘查第二章五行旺相休囚即知）最爲宜作事亨通大吉昌謀望諸般皆遂意用神生合妙難量旬空月破逢非吉剋害刑冲遇不良

父母持世（父母與世字同在一爻者謂之父母持世子

孫與世字同在一爻者。謂之子孫持世。其餘官鬼妻財兄弟等持世。皆同此例。）主身勞求嗣妾衆也難招。官動財安宜赴試。財搖謀利莫心焦。占身財動無賢婦。又恐區區壽不高。

子孫持世事無憂。求名切忌坐當頭。避亂許安失可得。官訟無妨可了休。有生無剋諸般吉。有剋無生反見愁。

官鬼持世事難安。占身（終身也）不病也遭官。財物時時憂失脫。功名最喜世當權。入墓愁疑無散日。逢冲轉禍變成歡。

妻財持世財益榮。兄若交重不可逢。更遇子孫明暗動。（註見後）利身剋父喪文風。求官問訟宜財托。動變兄官（兄弟官鬼二爻有動變也）萬事凶。

兄弟持世莫求財。官興須慮福將臨。朱雀并臨防口舌。如搖必定損妻財。父母相生身有壽。化官化鬼有奇災。

❖六神發動歌訣（六神一作六獸。此歌當與第二章六神配爻擧例同時讀熟。）

青龍發動附用（用神也）。通進財進祿福無窮。臨仇遇忌都無益。酒色成災在此中。

朱雀交重（動變也）文印旺。煞神相併漫勞功。是非口舌皆因此。動出生身却利公。

勾陳發動憂田土。累歲迍邅爲忌逢。生用有情方是吉。若然安靜不迷蒙。

螣蛇鬼尅憂思繞。怪夢陰魔暗裏攻。持木落空休道吉。逢冲之日莫逃凶。

白虎交重喪惡事。官司疾病必成凶。持世動尅妨人口。遇火生身便不同。（火爻配白虎也。）

玄武動搖多暗昧。若臨官鬼賊交攻。有情生世邪無犯。仇忌臨之姦盜凶。

❖日辰生剋歌訣（熟讀）

問卦先須看日辰。日辰剋用不堪親。（占卦日建剋用神也）日辰與用相生合。作事何愁不趁心。

❖靜爻暗動釋義

靜爻旺相。日辰冲之爲暗動。靜爻若遇休囚。日辰冲之。爲日破。暗動有凶有吉。凡用神休囚得元神暗動。以相生忌神明動。得元神暗動而生用神者。皆爲喜兆。若用神休囚無助而遇忌神暗動。尅害用神。皆非吉兆。

❖卦爻動變釋義

以錢起卦。六爻不動。但見單拆。不見重交。謂之靜爻。所得正卦只在八宮六十四卦中容易裝配。若遇六爻動卦。謂之動爻見三背畫○謂之陽動當作陰見三字畫×謂之陰動當作陽所得之卦。有反吟伏吟等區別卦名較多於正卦。而且卜易諸書中只有八宮正卦圖而動爻變出之卦。皆付缺如。後學起得動爻卦。束手無從裝配矣。用是先將動變之義說明。後列動爻配爻圖以資後學檢查。

動變有卦變爻變之別。卦變者內外六爻俱動而反伏者。如乾卦變坤卦等是。點卦當畫六個○。爻變者內外卦反伏各動兩爻如升之觀是。點卦當作××八○○八又有外卦反伏而內卦不動者。如觀之坤是。點卦當作○○八八八八又有內卦反伏而外卦不動者。如巽之觀是。點卦當作、、八○○八。此不過舉例耳。變動之卦名甚多。欲知變出是何卦。必須深明反吟伏吟及六十四正卦裝配之義。方能盡悉變動卦之名稱。

◈反吟卦之定例

反吟卦有二。一爲卦之反吟。二爲爻之反吟。卦之反吟。係卦變相冲。爻之反吟係爻變相冲。例如乾卦坐于西北。乾右有戌。乾左有亥。巽卦坐於東南。巽右有辰。巽左有巳。兩卦相對。有辰戌巳亥相冲。故乾爲天卦。變巽爲風卦。巽變乾。天風姤卦。變風天小畜。小畜風卦。此乾巽二冲相反吟卦也。坎卦坐於正北。坎下坐子。離卦坐於正南。離下坐午。兩卦相冲。有子午。離下坐火。坎下坐水。故水火既濟變未濟。水火未濟變既濟。此坎離二卦相冲反吟之一也。艮卦坐于東北。艮右有丑。艮左有寅。坤卦坐于西南。坤右有未。坤左有申。二卦相對。有丑未寅申相冲。故坤爲地卦變艮。此艮坤二宮反吟之一也。震卦坐於正東。震下坐卯。兌卦坐於正西。兌下坐酉。兩卦相對。有卯酉相冲。故震卦變兌。兌卦變震爲雷。此震兌二卦相冲反。吟之一也。以上爲卦之反吟。又有子變午。午變子。丑變未。未變丑。寅變申。申變寅。卯變酉。酉變卯。辰變戌。戌變辰。巳變亥。亥變巳。此乃爻之反吟。亦以變出相冲爲例。

◈伏吟卦之定例

伏吟卦有三。乾卦變震。震變乾。无妄變大壯。大壯變无妄。此子寅辰復化子寅辰。午申戌復化午申戌。內外卦伏吟之一也。

姤卦變恆。恆變姤。遯變小過。小過變遯。否變豫。豫變否。豐變同人。同人變豐。履變歸妹。歸妹變履。解變訟。訟變解。此午申戌復化午申戌。外卦之伏吟二也。

大有卦變噬嗑。噬嗑變大有屯變需。需變屯。大畜變頤。頤變大畜隨變夬。夬變隨。小畜變益。益變小畜。泰變復。復變泰。此子寅辰復變子寅辰。內卦之伏吟三也。

❖內外卦動變圖。(圖中尚有遺漏。參看第五第六奉動卦演式)(吉凶憑正卦論斷變卦衹看動爻)

卦變類

風天小畜變
水澤節卦

○、八應○、、世
卯木兄弟巳火未土辰土妻財寅木子水
子水父母子孫妻財丑土妻財兄弟父母

雷天大壯變
地天泰卦

八八○世、、、應
戌土申金午火父母辰土寅木子水
兄弟子孫丑土兄弟兄弟官鬼妻財

澤雷隨卦變
澤水困卦

八應、、八世×○
未土酉金亥水辰土寅木兄弟子水父母
妻財官鬼父母妻財辰土妻財寅土兄弟

雷風恆變
澤風大過卦

八應×、、世、八
戌土申金官鬼午火酉金亥水丑土
妻財酉金官鬼子孫官鬼父母妻財

天水訟變
澤水困卦

○、、世八、八應
戌土子孫申金午火午火辰土寅木
未土子孫妻財兄弟兄弟子孫父母

地火明夷變
澤火革卦

八××世、、、應
酉金亥水兄弟丑土官鬼亥水丑土卯木
父母酉金父母亥水兄弟兄弟官鬼子孫

山雷頤變
山澤損卦

、八八世八×、應
寅木子水戌土辰土寅木兄弟子水
兄弟父母妻財妻財卯木兄弟父母

雷澤歸妹變
兌為澤卦

八應×、八世、、
戌土申金兄弟午火丑土卯木巳火
父母酉金兄弟官鬼父母妻財官鬼

山雷頤變
離為火卦

、八×世×八、應
寅木子水戌土妻財辰土妻財寅木子水
兄弟父母酉金官鬼寅水父母兄弟父母

天地否變
山地剝卦

、應○○八世八八
戌土申金兄弟午火官鬼卯木巳火未土
父母子水子孫戌土父母妻財官鬼父母
、×應×、、世、

文王神課四斷易南針

山天大畜變
乾爲天卦
水地比變
澤水困卦
地火明夷變
水天需卦
水天需變
水火既濟卦
澤地萃變
澤水困卦
水火未濟變
澤地萃卦
山天大畜變

寅木(子水妻財)(戌土兄弟)辰土寅木子水
官鬼(申金子孫)(午火父母)兄弟官鬼妻財
八應、×八世×八
子水戌土(申金子孫)卯木(巳火父母)未土
妻財兄弟(亥水妻財)官鬼(辰土兄弟)兄弟
八×八世、×、應
酉金(亥水兄弟)丑土亥水(丑土官鬼)卯木
父母(戌土官鬼)官鬼兄弟(寅木子孫)子孫
八、八世、○、應
子水戌土申金辰土(寅木官鬼)子水
妻財兄弟子孫兄弟(丑土兄弟)妻財
八、應、八×世八
未土酉金亥水卯木(巳火官鬼)未土
父母兄弟子孫妻財(辰土父母)父母
○應×、八世○八
(巳火兄弟)(未土子孫)酉金午火(辰土子孫)寅木
(未土子孫)(酉金兄弟)妻財兄弟(巳火兄弟)父母
、八應八○、世○
寅木子水戌土(辰土兄弟)寅木(子水妻財)

山水蒙卦
天火同人變
離爲火卦
水地比變
水山蹇卦
風地觀變
水地比卦
巽爲風變
風火家人鬼
火天大有變
雷天大壯卦
雷天大壯變
澤天夬卦

官鬼妻財兄弟(午火兄弟)官鬼(寅木官鬼)
、應○、、世八八
戌土(申金妻財)午火亥水丑土卯木
子孫(未土子孫)兄弟官鬼子孫父母
八應、八×世八八
子水戌土申金(卯木官鬼)巳火未土
妻財兄弟子孫(申金子孫)父母兄弟
○、八世、八八應
(卯木妻財)巳火未土卯木巳火木土
(子水子孫)官鬼父母妻財官鬼父母
、世、八、應○×
卯木巳火未土酉金(亥水父母)(丑土妻財)
兄弟子孫妻財官鬼(丑土妻財)(卯木兄弟)
○應八、、世、、
(巳火官鬼)未土酉金辰土寅木子水
(戌土父母)父母兄弟父母妻財子孫
八×、世、、、應
戌土(申金子孫)午火辰土寅木子水
兄弟(酉金子孫)父母兄弟官鬼妻財

乾為天變
風天小畜卦
天澤履變
山水蒙卦
澤天夬變
巽為風卦
澤天夬變
天雷无妄變
天火同人卦
水澤節變
澤天夬卦
澤天夬變
火地晉卦

・世・〇 。應・・
戌土申金午火官鬼辰土寅木子水
父母兄弟未土父母父母妻財子孫
・〇世〇 八 ・應〇
戌土申金子孫午火父母丑土卯木巳火父母
兄弟子水妻財戌土兄弟兄弟官鬼寅木官鬼
×・世〇 ・ ・應〇
未土兄弟酉金亥水妻財辰土寅木子水妻財
卯木官鬼子孫未土兄弟兄弟官鬼丑土兄弟
・ ・世× 八 ・應
戌土申金午火辰土妻財寅木子水
妻財官鬼子孫亥水父母兄弟父母
八 ・×應× ・ ・世
子水戌土申金父母丑土官鬼卯木巳火
兄弟官鬼亥水兄弟辰土官鬼子孫妻財
× 〇世・ 〇 〇應〇
未土兄弟酉金子孫亥水辰土兄弟寅木官鬼子水妻財
巳火父母未土兄弟妻財卯木官鬼巳火父母未土兄弟
・應〇 八 ・世× ×

文王神課 四 斷易南針

風山漸變
山天大畜卦
兌為澤變
澤風大過卦
天澤履變
乾為天卦
雷水解變
雷澤歸妹卦
山地剝變
地山謙卦
雷火豐變
澤雷隨卦
風澤中孚變

卯木巳火父母未土申金午火父母辰土兄弟
官鬼子水妻財兄弟兄弟寅木官鬼子水妻財
八世・ ・ ×應・〇
未土酉金亥水丑土父母卯木巳火官鬼
父母兄弟子孫酉金兄弟妻財丑土父母
・ ・世・ × ・應・
戌土申金午火丑土兄弟卯木巳火
兄弟子孫父母辰土兄弟官鬼父母
八 八應・ 八 ・世×
戌土申金午火午火辰土寅木兄弟
妻財官鬼子孫子孫妻財巳火子孫
〇 八世八 × 八應八
寅木妻財子水戌土寅木妻財巳火未土
酉金兄弟子孫父母申金兄弟官鬼父母
八 ×世・〇 八應・
戌土申金父母午火亥水兄弟丑土卯木
官鬼酉金兄弟妻財辰土官鬼官鬼子孫
・〇 ×世八 ・ ・應
卯木巳火父母未土兄弟丑土卯木巳火

火澤睽卦　官鬼未土酉金兄弟子孫兄弟官鬼父母
八八、應×八八世
雷地豫變　戌土申金午火卯木兄弟巳火未土
雷山小過卦　妻財官鬼子孫申金官鬼子孫妻財
八應〇八×世八×
水地比變　子水戌土兄弟申金卯木官鬼巳火未土兄弟
地火明夷卦　妻財亥水妻財子孫亥水妻財父母卯木官鬼

以上俱爲卦變之卦名。可以按圖檢查。至於論斷。仍照正卦五行爲準。推須注重卦中之動爻遇生合旺相動化回頭生者吉。冲剋空破墓絕者凶。

（說明）卦變卦。六十四卦互相變化。爲數甚夥。限于篇幅。不及全數錄出。欲窺全豹。購卜筮正宗等書檢查可也。後列之爻變卦。亦僅一部分。以外參看卜筮正宗。

爻變類

需之乾卦
財子×戌化　兄戌、　子申世午化　兄辰、　官亥、　財子、應

遁之姤卦
父戌、　兄申、應　官午、　兄申、　官午×亥世化　父辰八

升之師卦
官酉、　父亥、　才丑、世　官酉〇午化　父亥八　才丑八應

夬之履卦
父未×戌化　子酉、世　才亥、　兄辰〇丑化　官寅、應　才子、

萃之遁卦
父未八　兄酉、應　子亥、　才卯×冲申化　官巳八世　父未八

井之節卦
父子八　才戌、世　官申八　官酉〇丑化　父亥、應　才丑×巳化

艮之明夷卦
官寅〇酉世化　才子八　兄戌八　子申、應　父午八　兄辰×卯化

家人之小畜卦
兄卯、　子巳、應　才未八　父亥、　才丑×寅世化　兄卯、

萃之同人卦
父未×戌化　兄酉、應　子亥、　才卯×亥化　官巳八世　父未×卯化

離之坤卦
兄巳、世　子未八　才酉〇丑化　官亥、應　子丑八　父卯〇未化

益之無妄卦
、應 卯 兄
、 巳 子
×化 未午 才
八世 辰 才
、 寅 兄
、 子 父

師之渙卦
×應化 酉申 父
×化 亥巳 兄
八 丑 官
八世 午 才
、空 辰 官
八 寅 子

豫之歸妹卦
八 戌 才
八 申 官
、應 午 子
八 卯 兄
×化 巳卯 子
變世化 未巳 才

家人之益卦
、 卯 兄
、應 巳 子
八 未 才
○化 亥辰 父
八世 丑 才
、 卯 兄

（說明）爻變之卦甚多。不及一一備載。購閱卜筮正宗。不僅可窺爻變之全豹。并可明瞭各卦之吉凶。欲知爻變各卦之五行。當查八宮六十四卦全圖例如豫之歸妹卦查豫五行配準再將動爻變出之五行塡明。查歸妹卦。然後如法論斷。斷卦參考書。以黃金策爲第一。劉誠意所撰。其中有總斷千金賦一篇。論斷卦義既詳且精足爲後學楷模。本書限於篇幅。不遑引證也。

五　占卦凡例

問卦誠心則靈。如心懷兩三事。同時占問。決無靈驗。假令占功名而得子孫持世以爲不吉而再占。必欲得官鬼持世而後已。亦無此理。即強而占得。亦不驗矣。至於斷卦。必先熟讀渾天甲子。五行、六親、六神以及其他緊要歌訣（歌訣見前）然後細看六爻動靜。及用神元神忌神。先寫年月日時干支。次將六神寫出。然後照卦象。按事實。準易理論斷。庶乎近之。至於準不準。當憑易學之深淺而定。茲將占卦各種祕訣列後。以資後學楷模。

◎❖卜卦論斷總訣

卜卦之道。乃伏羲、文王、周公、孔子、四聖之心法。得其神髓者。可以參天量地。粗知義理者。亦可趨吉避凶。凡學卜卦之入門祕訣。前四章已概論及之。本章進一步詳論占斷祕訣。其法先須看明爻之動變。卦之冲剋。當知占何事。以何爻爲用神。再看元神忌神仇神四時旺相休囚日月生剋。及旬空月破。管敎憑斷有準矣。

如占功名。得旺官持世。或日月動爻作官星。生合世爻。求名猶如拾芥。倘遇子孫持世。或子孫動於卦中。無論占考試卜遷陞。皆如水中撈月。　如占財氣。若得妻財持世。或日月動爻作子孫。生合世爻。或官鬼持世。財動生之。或父母持世。財動剋世。求財均易。若遇兄弟持世。兄爻發動。或世臨旬空月破者無財。　如占一年月令(即流年)現任官宜官星持世財動生之。(變動之財爻與世爻相生也)皆主吉祥。若遇官鬼相剋。日月動爻作子孫冲剋世爻。或作官鬼冲剋世爻。或世爻空破。或官爻空破。或世動化回頭剋。及子孫持世。皆爲凶兆。士民占月令。最喜財爻及子孫爻持世。管許一歲亨通。若遇官鬼持世。得日月動爻作財星生合世爻者。更主吉昌。若無財動生合世爻而官鬼持世者。必見災殃。倘世破世空。及鬼動剋世者。多見凶災。兄爻動而剋世者。口舌破財。　總而言之。官民占流年。舍世之月則吉。冲世之月則凶。皆不宜世爻變鬼。及動化回頭尅。(注見前)又不宜財動化父。父化財。變鬼化父。父母見則必有長上之災。兄弟變官鬼。或鬼變兄弟。宜防手足之危。財化鬼。鬼化財。財化兄。兄化財。主傷剋妻妾婢僕。子化鬼。鬼化子。父化子。子化父。主小口有傷。青龍天喜(註見前)持世生世。主有喜。虎鬼發動。主孝服。(龍虎按逐日天干排定六神次序。以配六爻。每日更換。參看六神配爻舉例)螣蛇朱雀臨兄鬼動而剋世者。須防口舌。玄武臨兄鬼動而尅世者。防賊盜及陰人纏擾。

如占避訟累、防仇害、及航海、旅行、深入險地。投宿寺廟營房。經營貿易誤買盜贓。或防火災瘟疫虎狼寇盜。或慮踰險偷關。或恐招災惹禍。或誤吞毒物。或已定重罪。或占病問醫。凡遇防災慮患。但得子孫持世。及子孫動於卦中。或世動變出子孫。或世動化回頭相生。或官鬼動而相生。即使身落虎口。管許安如泰山。惟忌官鬼持世剋世。災禍必侵。世動化鬼。及化回頭剋者。禍已驗。身避之不及。世爻空者無憂。破者不利。

占病憑患者之身分而斷。如自己占病。若得世爻旺相。或日月動爻生合世爻。或子孫持世。或子孫動於爻中。不拘久病近病。立保安康。近病而世值旬空。或世動化空。或卦逢六冲。及卦變六冲。(八宮第一卦皆爲六冲)不須服藥。即可安康。久病者遇官鬼持世。或日月動爻剋世。或世值旬空月破。世動化空化破。或卦逢六冲。或世動化鬼。及化回頭剋者。速宜醫治。遲則無救。

占父母病。以父母爲用神。若得父爻旺相。或日月動爻生父母。或父動化旺。不拘久病近病。求神服藥。立見安寧。一近病者。父爻值旬空。父動化空。或卦逢六冲、可不藥而愈。久病者父爻值旬空月破。或父動化空化破化財。財化父母。或卦逢六冲。及卦變六冲。或父爻休囚。又被日月動爻冲剋。病必凶險。速求良醫療治。

占兄弟病。若得兄爻旺相。或臨日月。或日月動爻相生。或兄動化旺化生。不拘病之遠近。立許平安。—近病。遇兄爻値旬空。及動而化空。或卦逢六冲。卦變六冲。服藥即愈。久病者。兄爻値旬空月破。及動而化空化破。卦逢六冲。卦變六冲。兄動化鬼。鬼動化兄。或兄爻休囚。被日月動爻冲剋。急急服藥。遲則難以治療。

如占子孫病。遇子孫爻旺相。或臨日月。及日月動爻生合。或子孫爻化回頭生、化旺。不拘病之遠近。服藥即愈。—近病者。子孫爻値旬空。及動而化空。卦逢六冲。卦變六冲者。可不藥而愈。出痘者。不宜六冲。久病者。子孫爻値旬空月破。及動而化空化破。卦逢六冲。卦變六冲。子孫爻動而化鬼。鬼化子孫。父化子。子化父。及日月動爻冲剋。速宜醫治。遲則難治。

如占妻妾病者。以財爻為用神。財爻旺相。或臨日月。或日月動爻相生。或財爻化子孫。及化帝旺者。不拘病之遠近。治之即愈。—近病者。妻財逢旬空。及動而化空。或卦逢六冲。及卦變六冲。不服藥可愈。久病者。財爻逢旬空月破。及動而化空化破。卦逢六冲。或財動化鬼。鬼化財。兄弟化財。財化兄弟。病凶不治。

熟讀此總訣。斷卦已入門徑。不過粗知大略。未能深造。兼之卦象萬變。有種種不易明白之卦義。若不盡悉卜卦秘奧。占斷便難準確矣。茲將變異之卦。演式如下。

❖飛伏神卦例斷

神者用神也。如遇用神不上卦。祇可尋取飛神伏神以代之。凡用神不上卦。可以日月用神。倘日月非用神。須于本宮首卦尋之。因各宮首卦六親全備故也。假令占得天風姤卦。

、	、	、應	、	、	八世
戌土	申金	午火	酉金	亥水	丑土
父	兄	官	兄	子	父

若占妻財。例取財卦為用神。此卦係屬乾宮。當取寅木或卯木為妻財。今六爻不見寅卯。便是用神不上卦。如在寅卯月日占者。可取日月為用神。倘非寅卯月日。祇可向本宮首卦乾為天卦内尋之。

乾宮第一卦乾為天

、世	、	、	、應	、	、
戌土	申金	午火	辰土	寅木	子水

父　兄　鬼　父　財　子

此卦寅木妻在二爻。借此寅木伏於姤卦亥水之下。姤卦二爻之亥水卽爲飛神。寅木妻財卽爲伏神。亥水而生寅木。謂之飛來生伏得長生。此乃用神不見尋得伏神而遇生扶無用化有用例作吉斷。

又如占得天山遯卦

、	、應	、	、	、世	八
戌土	申金	午火	申金	午火	辰土
父	兄	鬼	兄	鬼	父

如占子孫事。例取子孫爲用神。此係乾宮卦以水爲子孫。而六爻不見水亦是用神不上卦。倘遇亥子月日占此。可以日月爲用神。否則亦必於首卦乾爲天內尋之。屬初爻之子水。伏於遯卦初爻辰土之下。辰土卽爲飛神。子水便是伏神。此乃飛來剋伏。（卽土剋水也）謂之飛剋。名曰伏神受制。有用化無用。作凶斷。總之。除八宮首卦外。凡遇用神不上卦。除取日月爲用外。皆當於本宮首卦尋之。又有八宮首卦之用神。若值空破衰絕。可往他宮尋之。如乾宮向坤宮尋取。謂之乾坤往來。是則不足爲法。不如再占一卦。以決休咎。

伏神有用者六。一伏神得日月生合者。二伏神旺相者。三伏神得飛神相生者。四伏神得動爻相生者。五伏神得遇日月動爻冲剋飛神者。六伏神得遇飛神空破休囚墓絕者。此六者皆有用之伏神。雖不現如現矣。

伏神無用者五。一伏神休囚無氣者。二伏神被日月冲剋者。三伏神被旺相之飛神剋害者。四伏神墓絕於日月飛神者。五伏神休囚值旬空月破者。此五者乃無用之伏神。雖有若無。

六　喜忌演式

◆六爻動變演式

六爻不動則不變。動則必變。如得三背畫〇爲陽動。則變陰八得三字打×爲陰動則變陽、是也。

假令占得水天需卦變出天水訟卦演式如下。

×	、	×世	〇	、	〇應	
子水	戌土	申金	辰土	寅木	子水	正卦
妻	兄	子	兄	鬼	妻	
戌土		午火	午火		寅木	變卦
兄弟		父母	父母		官鬼	

◆進神退神演式

進神者。亥化子。寅化卯。巳化午。申化酉。丑化辰。辰化未。未化戌。退神者子化亥。卯化寅午化巳酉化申辰化丑。未化辰。戌化未是也進神乃出化而前進。猶如有源之水。春木之榮有久遠長進之象。退神乃由此而漸退。猶如秋柳霜菊日漸凋零演式如下。

卯月乙丑日占求婚成否得火雷噬嗑。變水地比卦。

○ 巳火子孫　×世 未土財　○ 酉金妻財　八 辰　八應 寅　○ 子水父母

子水父　戌土　申金財　財　兄　未土財

財爻持世化進神。(未化戌也。)巳火子動而生世。但因巳火化子水回頭之剋。必待午日冲去子水午火又合世爻。其婚必成果於午日允婚行文定禮

❖月破吉凶演式

何謂月破即是正申。二酉。三戌。四亥。五子。六丑。七寅。八卯。九辰。十巳。十一午。十二未。月建冲之即為月破

諸書皆以用神臨月破。謂之悖時。如枯根朽木。逢生不生。逢傷更傷。雖現於卦。有亦如無雖有日辰之生亦不能生

動作忌神不能為害。作變爻不能傷剋動爻。此古例也。惟有野鶴老人則謂月破動能傷爻。變能傷動。蓋神兆機於動。事無吉凶則不動。動則為禍福之基。況本月雖破出月則不破。今日雖破逢合之日則不破。近應日時。遠應年月。若靜而不動。又無日辰動爻生助。則到底破矣。演式如下。

亥月己丑日占將來有官否。得兌化訟卦

×世 未土父母　、 酉金兄　、 亥水子　八應 丑土父　、 卯木財　○ 巳火官鬼

戌土　寅木

此卦官動而生世。(附註、初爻官鬼動。巳火相生世爻之未出也。)世動化進神。(附註、未化戌也。)顯然有官祿之象。但官逢月破。(月建為亥。官爻為巳。巳亥相冲。故曰月破。)世遇旬空。(世爻為未。適在甲申旬中。午未空也)然空者猶有日辰相冲。(日辰為丑。世爻為未。丑未相冲。)冲空則實。不為空矣。而破者又無日辰動爻之生。占以日辰亦生不起。既無所用。何故動而生世。卦象可疑。再占以決之。

次得水地比卦。

八應　、　八　八世　八　八

、子 財
戌土 兄弟
申金 子孫
卯木 官鬼
巳火 父母
未土 兄弟

斷曰。命若無官。難得官來生世。及官星以持世也。今既前卦得動官相生。此卦又得官臨世位。食祿王家。應在實破之年。後果於巳年得官。若拘泥月破爲百無所用。則謬矣。

例如辰月戊子日占父何日回家。得乾之夬卦。

〇世 戌土 父 未土
、申 兄
、午 官
、應 辰 父
、寅 財
、子 子

斷曰。父母持世。破而化空。（辰月與世戌相冲。謂之冲破。既無日生。又無動助。以古法論斷。作用神冲破無氣。其父當無歸理。而野鶴不取古法。竟斷朱雀臨父。（戊日朱雀當第六爻。故云朱雀臨父。）動而持世。乃吉兆。卯日有信。至午未日必歸。果以卯日得信。己未日到家。應卯日得信。破而逢合之日也。應未日到家。父化未土。旬空出空之日也。

❖隨鬼入墓演式

古法、以世爻隨鬼入墓。（墓指長生掌訣中之墓絕而言。）本命隨鬼入墓。卦身世身隨鬼入墓爲凶兆。泥此則逢

辰戌丑未之日。不免有數爻隨鬼入墓。不敢占卦矣。倘使深信其說。不必看刑冲剋害。破散絕空。凡占疾病。但看隨鬼入墓。即知吉凶。安有如此容易。凡遇世爻用爻隨鬼入日墓或入動墓。或動而化墓。並且休囚無氣者。始見凶危。若旺而有扶。亦有救解。舉例如下。

申月戊辰日占夫病癸亥命得同人之離

、戌 子
〇應 申金 財 未土
、午 兄
、世 亥水 鬼
八 丑 子
、卯 父

妻占夫。例取亥水官鬼爲用神。同本命癸亥墓於辰日。乃是夫星夫命同入墓也。照古法論必死。野鶴論斷。不獨不死。反謂明日可愈。其理安在。蓋因辰日冲動戌土以生申金。而世爻亥水空亡。不受其生。明日爲己巳冲起亥水。得遇金生。其病必愈。果於次日得良醫一藥而愈。

未月戊辰日占已定重罪可蒙赦否得蠱之損

、應 寅 兄
八 子 父
八 戌 財
〇世 酉 鬼 丑
、亥 父
× 丑 財 巳

世爻隨鬼入動墓。又動而化墓。古法爲凶。野鶴却以吉斷。

因日月生世。丑墓月破。破網破羅。容易漏出。明年逢酉。定蒙赦免。及至次年辰月。果得蒙赦而出。總之世爻用爻遇休囚被剋而入墓者爲眞凶。餘則非眞。

❖獨發獨靜演式

五爻俱動一爻不動謂之獨靜。五爻不動。一爻動。獨謂之獨發。至於論斷當憑生剋、沖破、旺相、休囚不以六爻之動靜判休咎也。

如辰月甲午日占開煤。得家人變益卦。

兄卯、
子巳、應
財未八
父亥○水　財辰土
財丑八世土
兄卯、

丑土財爻持世。午日生之。許其可開。問應何時見煤。斷曰。丑土財盡未月沖開。應在六月。那知開至六月無煤。歇而復開。開而復歇。未年占卦。直至亥年辰月始見煤。乃應於獨發亥水化辰土。年月俱應也。

又如申月己未日占賊來否。得大畜變泰卦。

鬼寅木○　子酉金
財子水八應
兄戌土八
兄辰土、
鬼寅木、世
財子水、

此卦世臨破鬼而入日墓。(申月與世爻之寅相沖。謂之月破。故云世臨破鬼)應自身之厄。而獨發動爻鬼變子孫。子女亦多危險。勿信世臨破鬼禍患消之古語。而不加防備也。時値土匪横行。倐來倐去。一日忽報匪至。占卦者攜妻而逃。已出里門。因小女未隨。復歸抱女。土匪擁至。與女同遭賊害。論斷皆驗。

又如寅月庚戌日占女病。得水火未濟變山水遯。

○應巳兄子
×未子戌
○酉財申
×世午兄申
○辰子午
八寅父

此係獨靜卦。五爻皆動。惟初爻不動。古有以獨靜而斷應期辟如此卦寅木獨靜。斷寅日生乎。抑寅日死乎。當看用神以決之。此卦土爲子孫。雖遇休囚。得巳午火動而生之。未土子孫化進神辰土子孫化回頭生。寅日當愈。然亦不敢下斷語。命伊再占一卦。

得姤變无妄

戌、
申、
午、應
酉○
亥水○
丑×世

父
兄
鬼
兄辰
子寅木
父子

斷曰。亥水子孫化寅木空亡。近病逢空卽愈出空之日亦寅日也。與前卦相合。寅日大愈。後果應驗。

❖空亡釋義演式

空亡、卽旬空。（參看前六甲旬空起例。）如甲子至癸酉日爲一旬。此十日中並無戌亥。在此旬中占卦。爻逢戌亥。卽爲空亡。故六甲旬空起例。必須熟讀。或者預先同値日六神一併寫出亦可。而旬空有眞空、假空、做空、動空、冲空、塡空、援空、無故自空、有散而空。墓空、絕空、害空、破空、安空之別。古法太覺庣煩矣。而野鶴則謂旺不爲空。動不爲空。日建動爻生扶者不爲空。動而化空。伏而旺相者。亦不爲空。惟月破爲空。有炁不動亦爲空。伏而被剋亦爲空。眞空者。春土、夏金、秋木、冬火是也。初學遇旬空。往往無法論斷。以爲到底全空。却又應乎塡實之日。以爲不空。却又到底全空。解决之法。凡遇旬空。命其再占一卦。吉者許其出旬不空。凶者斷空。

如辰月乙卯日占求財。得家人之賁。

‧
〇應　八
‧
八世
‧

兄卯
子孫巳火　子水父母
財未
父亥
財丑土
兄卯

丑財持世遇旬空。（在甲辰旬中卯日爲空亡。）雖有巳火之生。而巳火又化回頭之剋。（動爻巳火能生世土。變出之子水又回頭土剋水也。）不生丑土之財。世財既無生扶。當主難求。但因三亥子丑土財還有氣。有法有氣不爲空。不敢竟斷。試再占一卦以决之。

次得睽之損

父巳　‧
財未　‧　伏子水
子孫酉金　〇世　兄戌土
兄丑　八
鬼卯　‧
父巳　‧應

斷曰。以此卦合前卦而决之。財無氣矣。不必勞心妄求。彼問何故。野鶴曰。前卦丑財雖空而有氣。後卦子水財空。伏於五爻未土之下。伏而又空。空而被剋。故知其無財。其人不信往求。非但分文未得。反受損失。

❖生旺墓絕演式

長生掌訣計分十二。玆何以獨舉生旺墓絕回字演式。蓋因野鶴占卦。只驗此四字。其餘皆不驗。置不論。（生旺墓絕訣見前。）例如主事爻屬木。（求財以財爻爲主事。）占卦爲亥日。即是主事爻長生于亥。日若在卯日占卦。木旺于卯。未日占卦。木旺于未申日占卦。木絕于申。其餘倣此。又如主事爻屬水卦中動出妻爻者亦爲主事爻遇長生。動出父爻。謂之主事爻入動墓卦中動出申金者。謂之主事爻逢絕。餘類推。又如主事爻屬木動而變出亥水者。謂之化長生。又動而變出化木者。謂之化旺。動而變出未土者謂之化墓。動而變出申金者。謂之化絕。餘類推。—金雖長生在巳。但須金爻旺相。或日月動爻生扶。再遇巳日占卦。或是卦中動出巳爻。或金爻動而化巳火。皆謂之遇長生。倘金爻休囚無氣。再遇巳午火多者。謂之烈火煎金。論剋不論生。金爻雖墓于丑。若得未土沖動。或卦中土多生金。論生不論墓。—土爻雖絕于巳。必須休囚無氣。又逢爻巳方謂之絕。若土爻旺相。或得日月動爻生扶。再遇巳爻。巳火反能生土。論生不論絕也。—巳爻雖長生于寅。倘日月動爻及變出之爻。又逢申金者。謂之三刑。論刑不論生也。

例如己卯日占妻病得震之豐

八世 戌
八 申
、 午
× 辰土（財亥水）
八 寅
　 子

取辰土財爻爲用神。近病逢沖即愈。久病當于辰日或酉日告痊許以辰日者取辰土逢值之日。許以酉日者。取辰與酉合。動而逢合之日也。後來連日昏沈至子日方愈。應辰土財爻旺于子。占時未及想到。

◆反伏卦義演式

卦有卦變。爻有爻變。爻變者六爻全動。爻變者內外卦各動兩爻。論卦以不動爲善。動則不論占何事。都有反復。如內卦反伏則內不安。外卦反伏則外不寧。內外反伏者內外不安之象也。演式如下。

卯月壬申日占隨現任官上任得比之升

八應 子財
、 戌兄
八 申子
×世 卯木官鬼　酉金子孫
× 巳火父母　亥水財
八 未兄

斷曰。世臨官鬼。值月建而旺。隨去必成。惟因內卦反伏。必有反復。而且世爻絕于申日。又化回頭沖尅。此行不吉。不去爲宜。其人因至戚得好缺。捨不得不去。隨之赴任。閱三月城陷于賊寇與官同遇害。

◆元神忌神衰旺演式

元神能生用神須要旺相其例有五。一、元神旺相。或臨日月。或日月動爻生扶者。二、元神動化回頭生及化進神者。三、元神長生帝旺于日辰者。四、元神與忌神同動者。五、元神旺動臨空化空者。（參看元神忌神伏神舉例出處一目了然矣。）

如酉月辛卯日占求財。得兌爲澤卦變雷水解卦。

爻	本卦	變卦
八世	未土 父	
○	酉金 兄	申金 兄
、元神	亥水 子	
八應	丑土 父	
、用神	卯木 財	
○	巳火 官	寅木 財

斷曰。甲寅日必得見財。吉卦也。其人問曰。（亦明易理之人。）卯木財爻空而破且又被金剋。初爻巳火官雖生世。亥日冲散又化旬空。何以爲吉。（動變之卦皆照正卦論斷吉凶）野鶴答曰。神兆機于動。予從來不言散。正因巳火化空。所以目下不見財。必待甲巳日出空而見。蓋因寅木之財以生官。官來生世也。後果應驗。此卦求財。例取卯木財爻爲用神。亥水子孫爲生用神之元神。蓋水生木也。（參看用神分類舉例）

忌神雖動又有不能剋用神者有七。一、忌神休囚不動。動而休囚被日月動爻剋制者。二、忌神靜臨空破。三、忌神入三墓。四、忌神衰動化退神。五、忌神衰而又絕。六、忌神動化絕化剋化破化散者。七、忌神與元神同動者。以上皆屬無力之忌神。不能爲害。諸占遇之。化凶爲吉

例如巳月乙未日自占病。得澤風大過卦變火風鼎卦。

爻	本卦	變卦
×	未土 財	巳火 子
○	酉金 鬼	未土 財
、世	亥水 父	
、	酉 官	
、	亥 父	
八應	丑 財	

自占病。當取世爻亥水父母爲用神。被未土忌神動而剋水。幸得酉金元神亦動。（金生水故爲元神。土剋水故爲忌神。）忌神未土反生元神之酉金。金生亥水。接續相生。化凶爲吉矣。豈知亥水月冲日剋。值月破而被剋。雖有生扶。生之不起。如樹木無根。寒谷不能回春也。果於癸卯日病歿。應冲去元神之日也。此卦爲用神無根。元神有力亦難生之例也。

❖五行生剋演式

凡用神元神宜乎逢生。如月建生。日建生。動爻生。動化回頭生。爻中遇之。皆是吉兆。(五行相生訣見前)

卯月己卯日弟占兄得重罪。母叩閽能救否。得地雷復卦變辰為雷

八	酉金	子	
、	亥水	財	
×應	丑土	兄	午火 父
八	辰土	兄	
八	寅木	鬼	
、世	子水	財	

弟占兄例取兄弟為用神。而卦中丑土兄動。被日月卯木所剋。明現大罪難脫。幸得兄爻丑土化午火。父母回頭相生。(火生土也)斷曰宜速進行。父母化兄而回頭相生。神告顯然。後果蒙恩赦免死。

凡忌神仇神雖宜于逢剋。而月尅、日尅、動爻剋、動化回頭尅。此四尅用神元神若逢其一。他處不見生扶。則為凶兆。占事樂極生悲。占凶事宜急急迴避。(五行相剋訣見前)

卯月戊戌日占父重罪有救否。得澤地萃卦變天火同人。

×	未土	父	戌土 父
、應	酉	兄	
、	亥	子	
×	卯木	財	亥水 子
八世	巳火	鬼	
×	未土	父	卯木 鬼

外卦未土父母。卯月剋之。內卦爻卯未合成木局。又相剋制。月剋日刑。全無救助。凶兆也。後果罹重刑。

❖尅處逢生演式

受此處之尅。得彼處之生。為剋處逢生。用神元神尅少生多。為吉。忌神則反之。故曰忌神宜尅不宜生也。

辰月丙申日占弟出痘臨危有救否。得既濟卦變革卦。

八應	子	兄	
、	戌	鬼	
×	申金	父	亥水 兄
、世	亥水	兄	
八	丑	鬼	
、	卯	子	

斷曰。月建辰土雖尅亥水。(月建五行。隨所得正卦分配。日建亦然)賴申日以生之。又得動爻相生。雖危有救。果於本月酉時得名醫救活。至亥日全愈。

❖動靜生剋演式

六爻安靜旺相之爻。可以生得休囚之尅。亦可以尅得休囚之爻。猶如有力之人也。

假令春天寅卯月占得坤卦。

爻	地支五行	六親
八世	酉金	子
八	亥水	財
八	丑土	兄
八應	卯木	官
八	巳火	父
八	未土	兄

如占父母巳火爲用神。三爻卯木當春旺相。能生巳火。即爲父母相。巳火父母既逢春木相生。父旺能尅子孫。如占子孫則弱矣。春木當令能尅丑土未土臨兄弟。如占兄弟謂之休囚無氣。餘倣此。　卦有動爻能尅靜爻。而靜爻縱使旺相。亦不能尅動爻。蓋靜者如坐如臥。動者如行走之人也。

❖動變生尅冲合演式

卦有動必變。變出之爻。只能生尅冲合本位之動爻。不能生尅他爻。而他爻與本位之動爻。亦不能生尅

假令子月卯日占得坤卦。變火地晉卦。

爻	地支五行	六親	變爻
×世	酉金	子	巳火　父
八	亥	財	
×	丑土	兄	酉金　子
八應	卯	鬼	
八	巳	父	
八	未	兄	

六爻酉金發動。酉爲動爻。變出巳火。巳爲變爻。變爻之巳火。只能回頭生本位之酉金。不能生尅他爻。四爻之丑土動而能生世爻之酉金。不能生變出之酉金。（以上二說一則云變出之巳火只能尅本位之酉金。一則云丑土動不能生變出之酉金。二說似乎自相矛盾。實則變爻不受他爻生尅也）亦不能生尅他爻。然則變爻熟能制之。惟有占卦之日月能生之尅之冲之合之。其故何耶。蓋日月如天。能生尅動爻靜爻。飛爻伏爻變爻。而諸爻皆不能傷日月。即如此卦月建子水。能克世爻變出之卯火。卯爲日建。能冲變出之酉金是也。

❖月將當權演式

月將即是月建。又稱月令。掌一月之乘權。察六爻之善惡。有抑強扶弱制變爻。扶飛伏之力。如無用神。可以月建爲用神。不必尋伏神也。月建入卦。動而作元神者爲福更大。動作忌神者爲禍更烈。

列如酉月丙寅日占謁貴得山風蠱變山水蒙。

爻	地支五行	六親	變爻
、應	寅	兄	
八	子	父	
八	戌	財	
○世	酉金	官	午火　子.
、	亥	父	
八	丑	財	

世臨月建之官。當得見面。但被午火回頭之剋。須待子日冲去午火，方得拜謁。果得見於丙子日。

❖六合六冲演式

六合（歌訣見前）之法有六。卽日月合爻。爻與爻合。爻動化合。卦逢六合。六冲卦逢六合。六合卦變六合等是。日月合爻者。如丑月占得坎卦。世爻子水與月建作合是也。卦逢六合者。乃六爻自相和合。六冲卦變六合者。乃八宮首卦內外卦變而成六合者也。凡得六合卦。諸占皆吉。惟必用神有氣相宜。用神失陷則無益。六冲卦變六合。可以不看用神。

如未月丁巳日占已悔之婚。還可成就否。得離卦變火山旅。

、世　巳兄
八　未子
、　酉財
、應　亥鬼
八　丑子
○　卯木父　辰土子

此卦雖然難以吉斷。惟因屢驗六冲卦變合。散而復聚。離而必合。此婚一定可成。果於次年三年成婚。

又有三合成水、金、火、木四局者。（三合訣見前第二章。）其

法有四。一卦之內。有一爻動而成局者一也。有兩爻動而成局者二也。有內卦初爻三爻動而變出之爻成三合者三也。外卦四爻六爻動而變出之爻成三合者四也。然此三合卦有凶有吉○如占功名合成官局。謂之官旺。合成財局。財旺生官。倘合成子孫局者。乃傷用之神也○如占求財合成財局者。謂之財庫。合成子孫局者。謂之子局生財。合成兄弟局者。爲破財耗財阻隔之神也。如占婚姻夫婦。宜財官旺而合局。又如占官訟憂疑而合局者。鎦結其心。難于消釋○如占財。財局生世。利于我。財局生應。利于他○如占家宅田地。居外宅不宜外卦剋內。居內宅宜內卦生外。爻內卦爲我。外卦爲他。外卦合局而生內卦者吉。剋內卦者凶。

如卯月丁巳日上下村農因爭田水廝打。占得離之坤卦。

○應　巳兄　酉財
八　未子
○　酉財　丑子
○世　亥鬼　卯父
八　丑子
○　卯　未子

斷曰。內卦爲我村。亥卯未合成木局。外卦爲外村。巳酉丑合成金局。金來剋木。幸衰金不剋旺木。（卯月爲木旺之

時。）不足畏也。況係六冲卦變六冲。（離坤皆屬六冲。）自有人解散。必不成訟。後果經人勸散。

❖動散卦象演式

占卦以日辰冲動爻。謂之冲散。又以爻動冲爻。亦能冲散。惟旺相及有氣者。冲之不散。

如丑月丁酉日占父出外一載無音。得風水渙變坎卦。

○ 卯木 父　兄子水
、世 巳火 兄
八 未 子
八 午 兄
、應 辰土 子
八 寅 父

卯木父爻動而生世。又化子火回頭生。許之在外平安。世空者交春必歸。果於二月得意而回。此卦卯動被酉日冲之。何嘗散也。

七　分類斷卦

❖占財福

卯月甲申日終占身財福。得復之頤。

× 酉　子　寅
八 亥　財
八應 丑　兄
八 辰　兄
八 寅　鬼
八世 子水　財

斷曰。五爻亥水財。世爻子水財。皆長生於申日。雖不當令。却得日建之生。獨嫌酉金福神（子孫為福德之神。諸事遇之皆喜。惟占功名忌之）破而化絕。生平衣祿不少。難以積蓄成家。果然此人自三十七歲進某當鋪。三易東家。此人依然為掌櫃。未得歇缺。每年工食僅資養家。毫無蓄積。

子月乙未日占終身財福。得兌卦。

八世 未 父
、 酉 兄
、 亥 子
八應 丑 父
、 卯 財
、 巳 官

斷曰。卯木之財而入未巳之墓。巳火之官休囚無氣。名不能成。利不能就。惜乎旺父臨身。才愈高而和愈寡。況時爻遇六冲。一事無成之象也。後來其人屢逢顯貴聘之。才高氣傲。皆不待瓜期而辭歸。終無成就。

❖占功名

午月庚寅日占掣簽分發何處。得大畜變中孚卦。

、
×應
八
、
、世
、

寅　子水　戌　丑土　寅木　子
官　財　兄　兄　官　財
　　巳火

斷曰。世臨寅木。官星必得東缺。非廣東即山東。獨嫌子水月破動而化絶。難期到任。蓋因財爲養命之源。且爲朝廷之祿。今財臨絶地。是無財無祿。世爻寅木無水滋生。乃是凶兆。後果應驗。

辰月乙未日占終身功名有無。得地火明夷變豐卦。

八　八　×世　、八　八　、應
酉　亥　丑土　亥　丑　卯
父　兄　官　兄　鬼　子
　　　　午火

此公原是武廕。已任過卑官。因病告歸。故問將來還有功名否。此卦丑土官星持世。化出午火。財旺生官。乃功名顯達之兆也。占卦時爲卯年。巳年援例加捐。官至府佐。戌年陞任太守。古法以動而逢冲謂之散。此卦未冲世爻之丑土。竟不見散。官星猶旺故也。

戌月戊辰日占終身功名有無。得蠱卦。

、應　八　八　、世　、　八
寅　子　戌　酉　亥　丑

兄　父　財　官　父　財

斷曰。日月作財生世。白虎臨金官持世。若入文途。必以捐職出身。若入武途。可以立功。官星持世。日月生之。應歲五（歲太歲五第五爻也）生世。平步青雲之兆也。後來此人隨營破寨。屢建奇功。官至元戎。

巳月乙卯日占終身功名。得旅卦。

、　八　、應　、　八　八世
巳　未　酉　申　午　辰
兄　子　財　財　兄　子

斷曰。此卦雖是爻逢六合。嫌其子孫持世。（占功名最忌子孫）官逢月破。難得成名。縱使援例捐官。終難食祿。其人早已納捐。至子年得病。丑年疾歿。

❖占壽元

辰月乙巳日占壽得中孚卦。

、　、　八世　八　、　、應
卯　巳　未　丑　卯　巳
鬼　父　兄　兄　鬼　父

斷曰。世臨未丑。巳日生之。月建扶之。可遂兒孫期頤之祝。必享高年。此人壽至七旬。

申月己卯日占壽。得山澤變復。

〇應　寅　鬼　酉
八　子　財
八　戌　兄
八　丑　兄
世　卯　鬼　寅
〇　巳　父

斷曰。若論父爻鬼動。人壽不久。今見多鬼搖發。反爲無妨。今年太歲在子。還享八年之福。及至未年。鬼多入墓。又是世逢年破。壽運將終矣。後來果於未年七月疾歿。

◆占趨避

丑月戊子日占夢。得益之中孚卦。

朱雀　、應　卯木　兄
青龍　、　巳火　子
玄武　八　未土　財
白虎　八世　辰土　財
螣蛇　×　寅木　兄　卯
勾陳　、　子水　父

此人因夢一身之血入河洗滌。斷曰。血財也。洗去者破財之兆也。卦中螣蛇發動化進神(寅化卯也)剋世剋財。(寅木剋辰土未土也)不獨刼財。還須防身遭木害。因巽宮屬木。且係木動剋世故也。而世與木爻皆在內卦。出外可以避免。惟巽爲少女。勿近少婦。其人因年近歲逼。不能外出。果於正月亥日宿妾房。被盜入室。席捲一空。身受木

器傷。凡占一切避凶。若得子孫持世。或福神動於卦中。皆爲吉兆。

巳月戊辰日占防流兵。得臨之睽卦。

雀　×　酉　子　巳
龍　八應　亥　財
玄　×　丑　兄　酉
虎　八　丑　兄
蛇　、世　卯　鬼
勾　、　巳　父

時值流兵爲害。到處遭殃。有周森者粗知易理。占得此卦。焦急萬狀。以此卦告野鶴曰。巳酉丑合成金局而剋世。世爻又臨螣蛇之鬼。數在刼中。莫能逃也。野鶴笑曰。卽使君與兵賊同居。保爾無事。蓋子孫合成金局。剋去身邊之鬼。夫復何憂。周森曰。酉金子孫。旺於巳月。又化巳火。論尅不能論生。野鶴曰。酉金得丑未二土以相生。如何論尅。後果屢逢流兵。或避或不避。皆得安然無恙。子孫爲福神。益覺應驗矣。

寅月丁卯日占流年。得益之睽。

、　巳　子
〇世　未　財
、　酉　鬼
八　辰　財
×應　寅　兄　卯
、　子　父

斷曰。今秋必有險厄。寅木動爻臨月建。化進神尅世。此時正月太歲發榮。不來尅害。六七月衰墓之時。防土木之厄。宜往外方可避。目下之災。六七月宜往東方。此人捱至七月初七夜又得凶夢。次晨始向東行二十八里。始知鄉里地震。人口被傷無數。獨伊得免。亦云幸矣。

巳月丙戌日占通鄉避亂。得乾之大有。

、世 戌 父
○ 申 兄 未
、 午 鬼
、應 辰 父
、 寅 財
、 子 子

衆術士咸以子孫屬水。金動生之。宜避北方。野鶴獨持異議。以爲兄動化進神。乃破財之象。午火得令而生世。往南避之爲吉。鄉人信之。羣趨南方。後果賊匪從北來。放火燒村而去。房屋稻米盡成灰燼。乃申金兄動破財之應也。所以避難生方爲吉。子孫方亦吉。又當以衰旺分別。火雖鬼方。生我何害。

◆占夫婦

夫婦之占須分別。占壽占病占和睦等用途。每卦只占一人。不能妻妾同問。凡得財福生身。可遂唱隨之願。應爻合世。可爲和睦之徵。弟兄持世。應鼓盆箕踞之悲。財動化凶。防玉碎珠沈之變。財旺兄衰。終須反目。尅財財退。必主生離。此爲占論夫婦之大綱。

酉月辛巳日占夫婦將來和好否。得泰卦。

八應 酉 子
八 亥 財
八 丑 兄
、世 辰 兄
、 寅 鬼
、 子 財

斷曰。兄弟持世。以剋妻財。幸財爻亥水。酉月生之。財旺難於尅害。而且巳日冲動亥水。又臨驛馬。妻財臨馬而暗動。心去難留。主離之像。後果離異。○卦中財爻多現。若欲分正庶。自當以應爻臨財作正室之位。倘被日月動爻冲剋。及動而化凶。主傷結髮之妻。若得他爻之財旺相。或動而化吉。或他爻變出之財旺相。及生合世爻者。主再娶之妻偕老白頭。若遇妻財不臨應爻。以正卦之財爲正妻。卦變之財爲再娶。

巳月丁未日占夫婦偕老否。得无妄變觀卦。

、 戌 財
、 申 鬼
○世 午 子 未 財
八 辰 財
八 寅 兄
○應 子 父

斷曰。滿盤俱是財爻。世爻變出之未土。與世爻相合。此未土之財乃正妻也。臨日建。遇月生扶。不獨偕老。且許賢比周南。後知此公妻妾十餘人同居。正夫人賢而無妬。享年八十餘歲。

❖占子息

寅月癸亥日占子嗣多少。得坤之艮卦。

×世 酉子 寅
八 亥財
八 丑兄
×應 卯鬼 申
八 巳父
八 未兄

斷曰。鬼變子孫。子孫變鬼。見一卽無子。此卦兩現無子之兆。其人少年無子。自五旬外。廣納姬妾。連生四子。占卦時長子六歲矣。及至臨終。四子早已相繼先亡。以堂姪爲後。

○占子嗣若得子孫爻旺。或遇生扶。或臨日月。及動而化吉者。必生賢子。子孫衰弱。必生癡愚之子。若遇冲剋休囚墓絕空破等。有子亦不育。若子孫爻逢空不礙。必得子於冲空實空之年。

亥月庚子日占子孫有無。得屯之節卦。

八 子兄
、應 戌鬼
八 申父
八 辰鬼
×世 寅子 卯
、 子兄

趙公年逾六旬。並無所出。自知易理。占得此卦。喜出望外。以爲子孫爻化子孫。月建合之。日辰生之。有子必多。連納三妾。均不生育。後壽終於任。立姪孫爲嗣。是卽子孫化子孫。有後非己出之應也。

❖占考試

亥月丙戌日占考試。得豐之革卦。

八 戌鬼
×世 申金父 酉金
、 午財
、 亥兄
八應 丑官
、 卯子

父母持世化進神。日建作官而生世。文章愈出愈奇。後勝於前。定蒙首選。後果得第一。

午月丙辰日占考試。得兌卦。

龍 八世 未父
玄 、 酉兄
虎 、 亥子
蛇 八應 丑子
勾 、 卯財
朱 、 巳官

古法卦逢六冲。冲之卽散。此卦雖係六冲。世爻皆逢旺地。不敢决斷。再占一卦。

得臨之師卦

八　酉　子
八應　亥　財
八　丑　兄
八　卯　兄
應世　丑　官
○　巳火　父　寅木

此卦官星持世。雖前不旺。初爻官生父旺。與前卦相合。許之必發。果得成名。凡得六冲卦。官父世爻俱旺者。不必再占。竟許必發。如欠旺者須再占一卦。再得吉者以吉斷。後卦凶者即以凶推。○凡得六合卦。亦要官父世爻得地。有失一陷。不遇生扶者。雖六合無益也。

❖占陞遷候補

財動生官。得美缺。官臨日月必遷陞。又旺官持世。及日月動爻作官星。生合世爻。或世爻動化出官星。生世皆吉。

申月乙亥日占某缺得否。得井之節卦。

八　子　父
、世　戌　財
八　申　官
○　酉　官　丑
、應　亥　父
×　丑　財　巳

斷曰。內卦巳酉丑合成官局。而生應爻。不來生世。正所謂出現無情。不得其缺。官生應爻故也。果然未得。

寅月乙未日占陞官。得比之觀。

×應　子水　財　卯木
、　戌　兄
八　申　子
、世　卯木　官
八　巳　父
八　未　兄

斷曰。卯木旺官持世。子水財動相生。雖則墓午未日。幸世爻得助無妨。果然亥月遷陞。

戌月辛酉日占何月補官。得蹇之需。

八　子　子
、　戌　父
八世　申　兄
、　申　兄
×　午　鬼　寅
×應　辰　父　子

斷曰。寅木財爻生助午火之鬼。火鬼剋世。乃爲助鬼傷身。幸辰土生申金。午火貪生忘剋。今年冬月必陞。後果陞於冬月。以應辰土化子水空亡。十一月則不空矣。

❖占在任吉凶

官旺財興。仕途顯赫。子搖兄動。減俸休官。官旺遇生扶。或動而化吉。世旺財旺。或財動以生世。皆主兵民頌德。宦海無波。官臨日月。生合世爻。三合官局。生合世爻。或官星持世。日月生持。歲五(註見前)又相生合。近君者必蒙異寵。在位者不次超陞。外任者必叨卓異。若遇兄弟持世。兄爻發動。不是破耗財物。定然減俸除粮。子孫持世。及子動爻中有剝官削職之憂。倘得官星休囚而有扶子孫動而有制。降級而已。凡官旺兄與清風兩袖。父發鬼旺恩露三錫。旺父臨世官動臨歲五。或日月生扶外任蒙上官識拔。近君得三錫榮加官鬼安寧地方少事。鬼爻亂動地方多災。凡日月冲剋招誹謗。日月剋官或剋世。朱雀螣蛇剋世。或世爻休囚者。得禍不輕。官鬼剋世世旺官衰者。亦主誹謗。世衰官旺。若臨蛇雀。必見彈章。世爻相旺。官化凶神。將冲變合。官星旺相。世化凶神及世官得地。財化凶神。皆為晉爵之兆。若卦得反吟。(見前反吟伏吟釋義)雖是身動不安。若得世與官爻旺相一定陞遷。世爻與官星衰者。必遭降罰。世與官星被冲被剋者。必有不測之禍。又如世、兄、官、空破。居官不久。身衰化鬼。命盡當危。世衰化鬼。壽命難長。此為論斷之總訣。

寅月壬午日占在任平安否。得卦之噬嗑卦。

、	八	×世	八	八	、應
寅	子	戌	辰	寅	子
兄	父	財	財	兄	父
		酉			
		鬼			

某官自知易理。占得此卦。語野鶴曰。我占今歲在任流年。

得世爻變鬼之卦。我甚憂之。野鶴曰。世爻戌土。雖則休囚。得午火生之。自身無妨。須防孝服。某官曰。財非臨白虎。如何應孝服。野鶴曰。午日冲動子水。父母被戌土財爻之剋。世化官空。八九月必見孝服。果於八月丁外艱。

丑月乙卯日占援例捐陞官職利否。得豫之否卦。

×	×	、應	八	八	八世
戌	申	午	卯	巳	未
財	官	子	兄	子	財
戌	申				

斷曰。財動生官。不宜世臨月破。破而被剋者。有官不能享也。其人不聽。竟自捐陞。後果名敗身喪。

丑月丙辰日占具文伸枉。能否保全官職。得大壯之夬卦。

八	×	、世	、	、	、應
戌	申	午	辰	寅	子
兄	子	父	兄	官	財
	酉				

父母持世。月建文書極旺。但不宜子動傷官。七八月申金當令之秋。功名壞矣。後果蒙上台題保。未蒙准行。至八月削職。

◆占求利(附用神兩現舍取法)

諸書論求財甚雜。當推黃金策理論最準確。茲錄其應驗者如下。財旺福興。（福子孫爻也。）公私稱意。財空福絕。上下違心。子孫爲生助財爻（占財例取妻財爲用神。）之元神。俱宜旺而化吉。又宜生合世爻。若逢衰墓絕空。刑冲剋害。動而變凶。日月冲破者。公私財氣皆無。有福無財。兄弟交重偏有望。兄弟乃刼財之神。占財最忌財與兄爻同動。必主阻隔破耗。子孫兄弟同動。或財、兄、子孫爻俱動。則兄動生子。子動生財。主吉。

酉月戊午日占求財。得革卦。

八　鬼未
、　父酉
、世　兄亥水
、　兄亥
八　鬼丑
、應　子卯

斷曰。卦中財爻不現。亥水兄爻持世。父臨月建生助兄爻。求財猶如緣木求魚也。

未月庚子日占求財。得天風小畜卦。

、　兄卯
、　子巳
八應　財未
、　財辰
、　兄寅
、世　父子

斷曰。應臨月建之財以剋世。許之必得。問何時到手。許以次日辛丑。冲動天財。穩可到手。後來得財於辰土出空之

日。此乃舍其不空而用旬空也。

此卦用神兩現。蓋求財以財爻爲用神。卦中財爻兩見。例當舍休囚而用旺相。用神兩現之卦甚夥。舍取之法不一。或則舍靜爻而用動爻。或舍月破而用不破。或舍旬空而用不空。或舍被傷而用不傷。此係方法不可拘泥。間有應驗旬空月破。舍去不空不破者。是在神而化之。證以化爻之五行。變通取用。

巳月丁巳日占求財。得既濟變渙卦。

×應　兄子水　子卯木
、　鬼戌
八　父申
○世　兄亥水　財午火
×　官丑土　官辰土
○　子卯木　子寅木

斷曰。此卦若占久遠之財。則無財。若問目前財氣。明日戊午必得。其故何在。蓋因兄臨世爻。日破月破不剋。變出之財。況日月俱作財來冲也。只爲應爻逢空。明日冲實。必有財氣到手。待至明日。果然進財。

◆占行人

問行人歸期。有遠有近。遠則應月。近則應日。世爻用令人未動。用爻剋世必然歸。若問行人否泰。另占一卦。

文王神課　七　分類斷卦

酉月戊申日占母在外何時來。得旅之艮。戌。

、巳兄
八未子
○應酉才　戌子
、申才
八午兄
八世辰土子　卯木父

此卦用神伏而受剋。六合變冲必不來。後果不來。

戊月丙戌日野鶴由江右登舟占一路平安否得蠱之巽卦。

、應寅兄
×子水父　巳火子
八戌才
、世酉鬼
、亥父
八丑才

卦見酉金鬼爻持世。一路憂疑。初不知應于阻風。及至戊子日風雨大作不南行。舟泊南康。始悟此卦子水父動。應子日之風雨也。見其化出巳火子孫。卽知巳日必然放晴。果泊五日至巳日天晴。得順風而行。從此方悟子孫乃行舟之順風也。此非親身經歷何從得知卜易之能卦卦占斷應驗。誠非易事也。

未月戊戌日占伯何日來。得屯之隨卦。

八子兄
、應戌鬼
×申金父　亥水
、辰鬼
八世寅木子
八子兄

父母爲用神。剋世者速至。(申金剋寅木也)。七月必到。後于亥月方到。應亥月者化出之爻也。

丑月庚午日占父遠去何日回。得履卦。

、戌土兄
、世申金子
、午火父
八丑土兄
、應卯木鬼
、巳火父

斷曰。今日乃是午火。爲父母剋世。今日必來。果于本日申時到。

凡占行人要看主象。卽用神之名。爻官員看官爻。幼輩看子孫爻。妻奴看財爻。兄弟朋友看兄爻。尊長看父爻。不在六親中者看應爻。黃金策云。剋速生遲。凡占行人。遇用神動剋世爻或世落空亡人必速至。若遇用神生合世爻。人必歸遲。最忌世爻動爻用神。必無歸來之望也。世剋用而俱動。人心轉往他方。

◆占疾病

諸書論斷疾病有不看用神身命。單看卦象得明夷、大觀、賁、蠱、夬、豐、同人、大畜、需卦等。斷之必死。又云蛇動主死。虎動主喪。其說謬甚。要知占病全憑用神。惟卦變與六冲者方可不看用神而斷生死。問久病卦逢六冲。卦變六冲。不論用神之衰旺。乃不治之症也。近病逢久冲。却又可不藥而愈。所以占卦必先問明近病或久病。論斷方能應驗。新病遇卦變死剋。亦主危亡。卦變者六冲而變六冲。因回頭化剋。近病亦危。例如巽木變乾金。艮坤化震巽。皆謂之回頭相剋。雖非墓絕。亦主危亡。若化比和。化剋去。化回頭相生。近病告痊。久病凶。六冲故也。除此冲剋。必看用神。（用神取法不一。參看第五章卜易論斷總訣）用神值旬空。及化空者。若無日月動爻冲尅。冲空實空之日可愈。若逢冲尅。病愈重而不死。若值月破。須看用神之衰旺。旺則愈於實破之日及出月而愈。衰而變剋者必危。久病用神值旬空月破者。即使用神旺相。亦難醫治。近病值旬空若逢三合六合。必成久病。用化鬼。鬼化用。愼防不測。忌化用。用化忌。最難醫治。官鬼乃父母之元神。父動化鬼。乃爲化生。輕病即愈。久病者鬼化父。父化鬼。皆主危亡。因卜卦占病最多。論例綦詳。

申月丙寅日占子近病。得恆之解卦。

八應 戌 才
八 申 鬼
、 午 子
○世 酉金 鬼　伏 午火 子
、 亥 父
八 丑 才

斷曰。鬼變子孫。夭折之兆。幸得子孫値旬空。近病即愈。恐其難過午年。後果在出空日告痊。午年出花死。

申月壬子日占子病。得遯卦。

、 戌
、應 申
、 午
、 申
八世 午火 鬼
八 辰

（六爻五行見前六十四卦圖中從略）

斷曰。令郎貴恙今日即愈。此乃適逢其日也。卦中官鬼持世。本屬病人之憂。幸逢今日壬子。子午相冲。冲去憂心。管教今日立愈。果於本日一汗而病痊。此卦惟占自身及兄弟妻兒病者。照此論斷都驗。若占父母之災。官鬼爲父母元神。豈宜子冲而傷耶。妻占夫亦然。非惟不能解憂。反爾添憂也。斷卦安可拘泥耶。

午月甲寅日弟占兄病。得屯之中孚卦。

○ 子水
八應 戌
、 申
八 辰
×世 寅木
、 子

兄卯木子　鬼　父　鬼　子孫卯木子孫　兄

病人重甚。全家淚眼相對。請野鶴到家。占得此卦。斷曰。今天午夜退災。明天卯日可起床矣。全家聞言驚疑。請問卦義。野鶴曰。病者雖是險症。究屬近病。今見子水兄爻値旬空。近病逢空即愈。値今日半夜子時而不空。故能退災。或曰。近病逢空。何不許以冲空之午日實空之子日乎。野鶴曰。因子水化卯木。子孫世爻又臨寅木。子孫又化卯木子孫。子孫爲占病之福神。卦中三見。乃是告痊之兆。明日爲卯日。正是一家解憂之日也。所以許半夜實空之時退災。果於半夜退災。次日起床。並未服藥送鬼。

寅月丁卯日子占父病吃人參好否。得萃之卦。

× 未土 父　戌土 父
、應 酉金 兄
、 亥水 子
八 卯木 才
八世 巳火 鬼
八 未土 父

占人參必以子孫爲用神。今見卦中父動剋子孫。不過（因動爻有兩重土也）遂斷人參不可服也。非此。斷子占父病。以父爻爲用神。而未父化戌父。父戌旬空。人參勿用。藥亦勿服。明天辰日冲空即愈。次日果愈。

四四

申月癸卯日患楊梅瘡。占請某醫生療治好否。得履之泰卦。

、 戌 兄
、世 申金 子
、 午 父
八 丑 兄
○應 卯木 鬼　巳火
○ 巳 父　未

斷曰。此醫不可用。雖係子孫持世。應爲醫。不宜應爻巳火剋申金。且有卯木生火。世爻雖旺。巳日一定添災。其人不聽。竟延此醫治之。卯辰日服藥。至巳日忽然變症。滿身疼痛。病人焦急。問野鶴曰。不聽君言。誤用醫藥。要傷命否。野鶴曰。世値月建。如何傷命。速服解藥。至巳午日痛止矣。病者易醫服藥。果然痛止。占病遇子孫持世。雖屬痊愈之兆。惟須子孫世爻不受剋。方爲有效。受剋即無效。

◆占家宅

父爻持世。此處清安宜久住。財動剋父。另覓吉屋安居。父爻旺相持世。逢六合生世合世。及世動化父相生。或得日月作父母生合世爻。皆爲發福之卦。第遇歹吟六冲不久之象。若逢世破冲剋主凶。世動化進神主吉。

造屋興工。卦忌六冲。鬼動爲忌。剋世最凶。隨鬼入墓。禍事多逢。世父兩爻旺相反化吉者吉宅亨通。

修方動工〇世臨福德最相宜。官鬼交重有禍基。世旺逢生宜化吉。世衰受剋且停工。子孫之方宜起手。官鬼之位莫挑泥。子孫屬水。動工宜於北方。官鬼屬火。南方不可動土。若鬼在辰戌丑未。此方切忌動土。入宅六親吉凶〇占問某日入宅。宜於父母者。再占一卦。宜於兄弟者。再占一卦。宜於妻兒否。因一卦不能六親並論。此係定例。如占父母宜父爻旺相生扶。不宜變動化鬼及刑冲尅制。占問兄弟妻兒亦然。倘占某日入宅。宜于兄弟妻兒。不宜於父母。惟有行趨避之法。如木臨父母命爻。財動以傷之。父母入宅宜擇尅制金爻之日。安父母之床。擇剋制金爻之方。屢試屢驗。蓋金剋木。金爻尅制。則木不受傷矣。餘仿此。

子月丁酉日占某日入宅有礙父母否。得萃卦。

八 未土 父母
、應 酉金 兄
、 亥水 子
、 卯木 才
八世 巳火 官
八 未土 父母

斷曰。此日入宅。卯木暗動。以剋父母。雖然不利尊長。幸而此日寅卯申三時皆吉。不必改日。吾公率婢僕人等於寅卯時入宅。令尊令堂可於申時入宅。保爾平安。彼問何故。答曰。申時者卯木絶於申也。父母未土長生於申。是以吉而可用。父母安床宜於西南方。其人依言而行。相安十七年。

巳月己丑日因屢試不第。占問宅後有廟冲犯否。得大有之乾卦。

、應 巳火 官
× 未土 父 申金
、 酉金 兄
、世 辰土 父
、 寅木 才
、 子水 子

斷曰。世爲本宅。廟爲應。世應相生。如何冲犯。必然廟前另有一物。所以卦中未土發動而刑也。（未與辰並不相刑。不知刑字何指。或係書中刊誤耶。）乃此故耳。其人曰。廟前照牆之後。有一株大樹。數百年矣。野鶴曰。即此物也。爾用大獸頭安於屋脊。張口對樹則吉。再占一卦。以卜修補之後。功名有望否。得歸妹之豫卦。

八應 戌土 父
八 申金 兄
、 午火 官
八世 丑土 父
〇 卯木 才 巳火
〇 巳火 官 未土

斷曰。修補之後。今科必發。卦中財動生官。官動生世。大吉之兆也。是年果中經魁。

戌月己亥日因衙署不利。擬改開後溝。占問利否。得鼎卦。

勾	、	巳	兄
朱	八應	未	子
青	、	酉	才
玄	、	酉	才
虎	、世	亥	鬼
蛇	八	丑	子

斷曰。不必另開。祇須改向東流。如言動工。發見許多尸骸白骨。始悟鬼爻持世。非無因也。

◆占坟地

占塋卜地。古法舛誤極多。不可爲訓。茲就歷年占地應驗諸訣。記載如下。凡世爻旺相。祖父魂安。世爻爲穴。宜旺相或臨日月動爻生扶。乃是吉地。子孫乃祭祀之裔。宜於持世。或在他爻旺相。其地必多子孫。卦逢三合六合。或世與子孫爻作六合。乃是藏風吉穴。代代興隆。若得六冲卦。散而無氣。六冲變合。地已去而復來。（此謂地運衰而眞龍早去。今復重來）此爲吉地。再得世遇子孫旺相。科甲綿綿。世旺化絕。破吉處藏凶。世衰而化生合。凶中有吉。世衰動化回頭生。化長生帝旺。化日月。化進神。化合者。先否後泰之兆。

寅月戊午日占墓地。得頤變无妄卦。

朱	、	寅	兄	
龍	×	子水	父	申金
玄	×世	戌土	才	午火 子
虎	八	辰	才	
蛇	八	寅	兄	
勾	、應	子	父	

斷曰。世爻戌土。春天休囚。化出午火子孫回頭生世。日月世爻共成三合。（寅午戌爲三合）青龍戲水。以化長生。水源極遠。只因申爲月破。戌土剋子水。又被日辰冲散。春夏有水。秋冬必動。然亦無妨。卦中日月世與子孫共成三合。亡者安而生者樂。子孫昌盛。何愁不發。竟葬之。辰年下葬。酉年子年二孫皆中經魁。

卯月戊子日占地。得巽之升卦。

〇世	卯	兄	酉金
〇	巳火	子	亥水
八	未	財	
、應	酉	鬼	
、	亥	父	
八	丑	才	

斷曰。世臨月建。日辰生之。是吉兆。但不宜外卦反吟。世被酉金冲剋。子孫又被亥水冲尅。不宜用之。彼曰已買就矣。奈何。野鶴曰。不葬何妨。其人不聽。以爲地師言美地必較

卜卦有準。竟葬之四年之內。二男一女相繼死。自身又得半身不遂之疾。主酉年身亡。應酉年者。謂之再冲之年。誤聽地師之言。竟至沒後。

未月己巳日占穴得大壯卦。

八　八　、世　、　、　、應
戌　申　午火　辰　寅　子
兄　子　父　兄　鬼　才

此地經過名地師。皆言吉地。請人占卜。亦許其吉。只因屢掘逢石。無處尋穴。特請野鶴到塚下占卜。得此卦。斷曰。世在四爻。穴在中段。因午火持世。卽往中段觀看。見有一處草木枯焦。有幾朵紅色野花。別處皆無。曰穴在是矣。掘之必得土穴。東家尚疑。野鶴曰。我有一法。將錢一文。點記紅硃。亂入數百錢內。公可設香案。禱告於天。紅硃錢着地處卽爲佳穴。東家如法泡製。禱畢。滿地洒錢。然後尋覓。果得紅硃錢於紅花之下。卽命人掘下。果得丈餘尼土。餘皆石塊。方得點穴落葬。次年東家開府。五年之內。兩子俱登甲榜。此殆東家之福。洒錢覓穴如有神助。非關占卦之應驗。然而斷定穴在中段。卜卦之術亦神矣。

◆結論

易之法。浩如淵海。雖數十萬言不能盡。本書僅舉占卦斷卦之入門秘訣。看過一遍。必能點卦裝卦。至於論斷。六親五行等之歌訣。亦羅列無遺。惟須熟讀。方能引用自如。凡遇卦變爻變之卦。須細心研究。參看本書中之卦圖及演式。只因限於篇幅。斷卦諸法。未能一一詳述。有志學習者。當買卜筮正宗。自首至尾。統觀一遍。占斷自然應付裕如矣。

二六、七、再版

未來先知秘術 文王神課

編纂者 張了凡

出版者 廣益書局 上海四馬路

發行所 廣益書局 上海棋盤街

分發行所 南京 廣州 長沙 北平 南昌 宜昌 漢口 開封 萬縣 重慶 成都 廣益書局

洋裝一册實價六分

占筮類

編號	書名	作者	說明
1	擲地金聲搜精秘訣	心一堂編	沈氏研易樓藏稀見易占秘鈔本
2	卜易拆字秘傳百日通	心一堂編	
3	易占陽宅六十四卦秘斷	心一堂編	火珠林占陽宅風水秘鈔本

星命類

編號	書名	作者	說明
4	斗數宣微	【民國】王裁珊	民初最重要斗數著述之一；未刪改本
5	斗數觀測錄	【民國】王裁珊	失傳民初斗數重要著作
6	《地星會源》《斗數綱要》合刊	心一堂編	失傳的第三種飛星斗數
7	《斗數秘鈔》《紫微斗數之捷徑》合刊	心一堂編	珍稀「紫微斗數」舊鈔
8	斗數演例	心一堂編	秘本
9	紫微斗數全書（清初刻原本）	題【宋】陳希夷	斗數全書本來面目；有別於錯誤極多的坊本
10-12	鐵板神數（清刻足本）——附秘鈔密碼表	題【宋】邵雍	無錯漏原版 秘鈔密碼表 首次公開！
13-15	蠢子數纏度	題【宋】邵雍	蠢子數連密碼表 打破數百年秘傳 首次公開！
16-19	皇極數	題【宋】邵雍	清鈔孤本附起例及完整密碼表 研究神數必讀！
20-21	邵夫子先天神數	題【宋】邵雍	附手鈔密碼表 研究神數必讀！
22	八刻分經定數（密碼表）	題【宋】邵雍	皇極數另一版本；附手鈔密碼表
23	新命理探原	【民國】袁樹珊	子平命理必讀教科書！
24-25	袁氏命譜	【民國】袁樹珊	
26	韋氏命學講義	【民國】韋千里	民初二大命理家南袁北韋
27	千里命稿	【民國】韋千里	
28	精選命理約言	【民國】韋千里	北韋之命理經典
29	滴天髓闡微——附李雨田命理初學捷徑	【民國】袁樹珊、李雨田	命理經典未刪改足本
30	段氏白話命學綱要	【民國】段方	民初命理經典最淺白易懂
31	命理用神精華	【民國】王心田	學命理者之寶鏡

編號	書名	作者	簡介
32	命學探驪集	【民國】張巢雲	發前人所未發 稀見民初子平命理著作
33	澹園命談	【民國】高澹園	
34	算命一讀通——鴻福齊天	【民國】不空居士、覺先居士合纂	
35	子平玄理	【民國】施惕君	
36	星命風水秘傳百日通	心一堂編	
37	命理大四字金前定	題【晉】鬼谷子王詡	源自元代算命術
38	命理斷語義理源深	心一堂編	稀見清代批命斷語及活套
39－40	文武星案	【明】陸位	失傳四百年《張果星宗》姊妹篇 千多星盤命例 研究命學必備
相術類			
41	新相人學講義	【民國】楊叔和	失傳民初白話文相術書
42	手相學淺說	【民國】黃龍	民初中西結合手相學經典
43	大清相法	心一堂編	重現失傳經典相書
44	相法易知	心一堂編	
45	相法秘傳百日通	心一堂編	
堪輿類			
46	靈城精義箋	【清】沈竹礽	沈氏玄空遺珍 玄空風水必讀
47	地理辨正抉要	【清】沈竹礽	
48	《玄空古義四種通釋》《地理疑義答問》合刊	沈瓞民	
49	《沈氏玄空吹虀室雜存》《玄空捷訣》合刊	【民國】申聽禪	
50	漢鏡齋堪輿小識	【民國】查國珍、沈瓞民	
51	堪輿一覽	【清】孫竹田	失傳已久的無常派玄空經典
52	章仲山挨星秘訣（修定版）	【清】章仲山	章仲山無常派玄空珍秘 門內秘本首次公開
53	臨穴指南	【清】章仲山	沈竹礽等大師尋覓一生末得之珍本！
54	章仲山宅案附無常派玄空秘要	心一堂編	
55	地理辨正補	【清】朱小鶴	玄空六派蘇州派代表作
56	陽宅覺元氏新書	【清】元祝垚	簡易・有效・神驗之玄空陽宅法
57	地學鐵骨秘　附　吳師青藏命理大易數	【民國】吳師青	釋玄空廣東派地學之秘
58－61	四秘全書十二種（清刻原本）	【清】尹一勺	玄空湘楚派經典本來面目 有別於錯誤極多的坊本

編號	書名	作者	備註
62	地理辨正補註 附 元空秘旨 天元五歌 玄空精髓 心法秘訣等數種合刊	【民國】胡仲言	貫通易理、巒頭、三元、三合、天星、中醫
63	地理辨正自解	【清】李思白	公開玄空家「分率尺、工部尺、量天尺」之秘
64	許氏地理辨正釋義	【民國】許錦灝	民國易學名家黃元炳力薦
65	地理辨正天玉經內傳要訣圖解	【清】程懷榮	秘訣一語道破，圖文并茂
66	謝氏地理書	【民國】謝復	玄空體用兼備、深入淺出
67	論山水元運易理斷驗、三元氣運說附紫白訣等五種合刊	【宋】吳景鸞等	失傳古本《玄空秘旨》《紫白訣》
68	星卦奧義圖訣	【清】施安仁	
69	三元地學秘傳	【清】何文源	
70	三元玄空挨星四十八局圖說	心一堂編	三元玄空門內秘笈　清鈔孤本 過去均為必須守秘不能公開秘密 與今天流行飛星法不同
71	三元挨星秘訣仙傳	心一堂編	
72	三元地理正傳	心一堂編	
73	三元天心正運	心一堂編	
74	元空紫白陽宅秘旨	心一堂編	
75	玄空挨星秘圖 附 堪輿指迷	心一堂編	
76	姚氏地理辨正圖說 附 地理九星并挨星真訣全圖 秘傳河圖精義等數種合刊	【清】姚文田等	
77	元空法鑑批點本——附 法鑑口授訣要、秘傳玄空三鑑奧義匯鈔 合刊	【清】曾懷玉等	蓮池心法　玄空六法 門內秘鈔本首次公開
78	元空法鑑心法	【清】曾懷玉等	
79	曾懷玉增批蔣徒傳天玉經補註【新修訂版原（彩）色本】	【清】項木林、曾懷玉	
80	地理學新義	【民國】俞仁宇撰	
81	地理辨正揭隱（足本） 附連城派秘鈔口訣	【民國】王邀達	揭開連城派風水之秘
82	趙連城傳地理秘訣附雪庵和尚字字金	【明】趙連城	
83	趙連城秘傳楊公地理真訣	【明】趙連城	
84	地理法門全書	仗溪子、芝罘子	巒頭風水，內容簡核、深入淺出
85	地理方外別傳	【清】熙齋上人	巒頭形勢、「望氣」「鑑神」
86	地理輯要	【清】余鵬	集地理經典之精要
87	地理秘珍	【清】錫九氏	巒頭、三合天星，圖文並茂
88	《羅經舉要》附《附三合天機秘訣》	【清】賈長吉	清鈔孤本羅經、三合訣法圖解
89-90	嚴陵張九儀增釋地理琢玉斧巒	【清】張九儀	清初三合風水名家張九儀經典清刻原本！

編號	書名	作者	說明
91	地學形勢摘要	心一堂編	形家秘鈔珍本
92	《平洋地理入門》《巒頭圖解》合刊	【清】盧崇台	平洋水法、形家秘本
93	《鑒水極玄經》《秘授水法》合刊	【唐】司馬頭陀、【清】鮑湘襟	千古之秘，不可妄傳匪人
94	平洋地理闡秘	心一堂編	雲間三元平洋形法秘鈔珍本
95	地經圖說	【清】余九皋	形勢理氣、精繪圖文
96	司馬頭陀地鉗	【唐】司馬頭陀	流傳極稀《地鉗》
97	欽天監地理醒世切要辨論	【清】欽天監	公開清代皇室御用風水真本
三式類			
98－99	大六壬尋源二種	【清】張純照	六壬入門、占課指南
100	六壬教科六壬鑰	【民國】蔣問天	由淺入深，首尾悉備
101	壬課總訣	心一堂編	過去術家不外傳的珍稀六壬術秘鈔本
102	六壬秘斷	心一堂編	
103	大六壬類闡	心一堂編	
104	六壬秘笈——韋千里占卜講義	【民國】韋千里	六壬入門必備
105	壬學述古	【民國】曹仁麟	依法占之，「無不神驗」
106	奇門揭要	心一堂編	集「法奇門」、「術奇門」精要
107	奇門行軍要略	【清】劉文瀾	條理清晰、簡明易用
108	奇門大宗直旨	劉毗	
109	奇門三奇干支神應	馮繼明	天下孤本　首次公開
110	奇門仙機	題【漢】張子房	虛白盧藏本《秘藏遁甲天機》
111	奇門心法秘纂	題【漢】韓信（淮陰侯）	奇門不傳之秘　應驗如神
112	奇門廬中闡秘	題【三國】諸葛武侯註	
選擇類			
113－114	儀度六壬選日要訣	【清】張九儀	清初三合風水名家張九儀擇日秘傳
115	天元選擇辨正	【清】一園主人	釋蔣大鴻天元選擇法
其他類			
116	述卜筮星相學	【民國】袁樹珊	民初二大命理家南袁北韋
117－120	中國歷代卜人傳	【民國】袁樹珊	南袁之術數經典